Einfache Rumänisch Kurzgeschichten

Kurzgeschichten auf Rumänisch für Anfänger

Andrei Gheata

Inhalt

Einführung

Das Lesen in einer Fremdsprache ist eine der effektivsten Möglichkeiten, um die Sprachkenntnisse zu verbessern und den Wortschatz zu erweitern. Allerdings kann es manchmal schwierig sein, ansprechendes Lesematerial auf einem angemessenen Niveau zu finden, das Erfolgserlebnisse und ein Gefühl des Fortschritts vermittelt. Die meisten Bücher und Artikel, die für Muttersprachler geschrieben wurden, sind zu lang und schwer zu verstehen oder haben einen sehr hohen Wortschatz, so dass Sie sich überfordert fühlen und aufgeben. Wenn Ihnen diese Probleme bekannt vorkommen, dann ist dieses Buch genau das Richtige für Sie!

Einfache Rumänisch Kurzgeschichten ist eine Sammlung von 25 unkonventionellen und unterhaltsamen Kurzgeschichten, die Anfängern und Mittelstufenschülern helfen sollen, ihre Sprachkenntnisse zu verbessern Rumänisch.
Diese Kurzgeschichten schaffen eine förderliche Leseumgebung;

- Reichhaltiger sprachlicher Inhalt in verschiedenen Genres, um Sie zu unterhalten und Ihnen eine Vielzahl von Wortformen zu vermitteln.
- Kürzere Geschichten in Kapiteln, damit Sie die Freude haben, die Geschichten zu beenden und schnell voranzukommen.
- Texte, die auf Ihrem Niveau geschrieben sind, so dass sie leichter zu verstehen sind und Sie nicht überwältigen.
- Die deutsche Übersetzung befindet sich auf abwechselnden Seiten, so dass Sie beim Lesen

der Rumänisch Geschichte direkt Zeile für Zeile nachschlagen können.

- Die wichtigsten Vokabeln sind in der Geschichte und in der Übersetzung fett gedruckt, damit Sie unbekannte Wörter besser verstehen.
- Verständnisfragen, um zu prüfen, ob Sie die wichtigsten Ereignisse verstanden haben, und um Sie anzuregen, genauer zu lesen.

Egal, ob Sie Ihren Wortschatz erweitern, Ihr Verständnis verbessern oder einfach nur zum Spaß lesen wollen, dieses Buch ist der größte Schritt nach vorn, den Sie in diesem Jahr in Ihrem Studium machen werden. Dieses Buch gibt dir alle Unterstützung, die du brauchst. Also lehnen Sie sich zurück, entspannen Sie sich und lassen Sie Ihrer Fantasie freien Lauf, während Sie in eine magische Welt voller Abenteuer, Geheimnisse und Intrigen entführt werden - auf Rumänisch!

Wie man dieses Buch benutzt

Lesen ist ein schwer zu beherrschendes Talent. Wir nutzen eine Reihe von Mikrofähigkeiten, um in unserer Muttersprache zu lesen. Zum Beispiel können wir einen Text überfliegen, um ein grobes Verständnis für den Inhalt zu bekommen. Oder wir durchforsten zahlreiche Seiten eines Zugfahrplans auf der Suche nach einer bestimmten Zeit oder einem bestimmten Ort. Während diese Mikrofertigkeiten beim Lesen in unserer Muttersprache zur zweiten Natur geworden sind, zeigen Untersuchungen, dass wir die meisten davon beim Lesen in einer Fremdsprache vergessen. Wenn wir eine Fremdsprache lernen, beginnen wir normalerweise am Anfang eines Textes und arbeiten uns durch ihn hindurch, wobei wir versuchen, jedes einzelne Wort zu verstehen. Dabei stoßen wir unweigerlich auf unbekannte oder komplexe Begriffe und ärgern uns, dass wir sie nicht verstehen können.

Einer der größten Vorteile des Lesens in einer Fremdsprache besteht darin, dass man eine große Anzahl von Redewendungen und Ausdrücken kennenlernt, die in Alltagssituationen verwendet werden. Extensives Lesen ist ein Begriff, der das Lesen zum Vergnügen beschreibt, um eine Sprache zu lernen. Es ist nicht mit dem Lesen eines Lehrbuchs zu vergleichen, bei dem Gespräche oder Texte langsam und aufmerksam gelesen werden sollen, um jedes Wort zu verstehen. "Intensives Lesen" bezieht sich auf das Lesen, um bestimmte Lernziele zu erreichen oder Aufgaben zu erfüllen.

Einfache Rumänisch Kurzgeschichten bietet Ihnen die

Möglichkeit, mehr über den natürlichen Rumänisch Sprachgebrauch zu erfahren, auch wenn Sie Ihre Reise zum Sprachenlernen vielleicht nur mit Lehrbüchern begonnen haben. Im Folgenden finden Sie einige Hinweise, die Sie beim Lesen der Geschichten in diesem Buch beachten sollten, um das Beste aus ihnen herauszuholen: Wenn es um das Lesen geht, sind Spaß und Erfolgserlebnisse entscheidend. Man kommt immer wieder zurück, weil man Spaß an dem hat, was man liest. Jede Geschichte von Anfang bis Ende zu lesen, ist die beste Methode, um das Lesen von Geschichten zu genießen und das Gefühl zu haben, etwas erreicht zu haben. Das Wichtigste ist also, zum Ende einer Geschichte zu gelangen. Das ist sogar noch wichtiger, als jedes einzelne Wort zu kennen.

Je mehr Sie lesen, desto mehr Wissen werden Sie erwerben. Wenn du größere Bücher zum Vergnügen liest, wirst du schnell wissen, wie Rumänisch funktioniert. Denken Sie jedoch daran, dass Sie zuerst ein ausreichend großes Buch lesen müssen, um den vollen Nutzen aus einer umfangreichen Lektüre zu ziehen. Wenn Sie hier und da ein paar Seiten lesen, lernen Sie vielleicht ein paar neue Wörter, aber das wird keinen wesentlichen Unterschied in Ihrem Gesamtniveau von Rumänisch machen.

Akzeptieren Sie die Tatsache, dass Sie nicht alles verstehen werden, was Sie in einem Roman lesen. Dies ist zweifellos der wichtigste Punkt! Denken Sie immer daran, dass es völlig in Ordnung ist, nicht alle Wörter oder Sätze zu verstehen. Das bedeutet nicht, dass Ihre Sprachkenntnisse unzureichend sind oder dass Sie eine schlechte Leistung erbringen. Es zeigt, dass Sie aktiv am Lernprozess beteiligt sind.

Leitfaden zum Lesen

Es ist am besten, wenn Sie für jedes Kapitel der Geschichten diesen einfachen sechsstufigen Leseprozess befolgen:

1. Lesen Sie den Titel des Kapitels. Überlegen Sie, worum es in der Geschichte gehen könnte. Lesen Sie dann die Geschichte ganz durch. Ihr Ziel ist es einfach, das Ende der Geschichte zu erreichen. Halten Sie also nicht an, um Wörter nachzuschlagen, und machen Sie sich keine Sorgen, wenn Sie etwas nicht verstehen. Versuchen Sie einfach, der Handlung zu folgen.

2. Wenn Sie das Ende der Geschichte erreicht haben, lesen Sie die deutsche Übersetzung durch, um zu sehen, ob Sie verstanden haben, was passiert ist, und nehmen Sie jeden Kontext auf, den Sie vielleicht verpasst haben.

3. Gehen Sie zurück und lesen Sie die gleiche Geschichte noch einmal. Wenn Sie möchten, können Sie sich mehr auf die Details der Geschichte konzentrieren als zuvor, aber ansonsten lesen Sie sie einfach noch einmal durch.

4. Gehen Sie anschließend die Verständnisfragen in Rumänisch durch, um zu überprüfen, ob Sie die Schlüsselereignisse der Geschichte verstanden haben. Wenn Sie die Fragen nicht ganz verstehen, machen Sie sich keine Sorgen. Nutzen Sie Ihr Wissen, um so gut wie möglich zu antworten.

5. Zu diesem Zeitpunkt sollten Sie die wichtigsten Ereignisse des Kapitels einigermaßen verstanden haben. Falls nicht, sollten Sie das Kapitel einige Male anhand der Übersetzung lesen, um unbekannte Wörter und Sätze zu

überprüfen, bis Sie sich sicher fühlen.

Sobald Sie bereit sind und sicher sind, dass Sie verstanden haben, was passiert ist - egal, ob Sie die Geschichte einmal oder mehrmals gelesen haben - gehen Sie zur nächsten Geschichte über und lesen Sie die Geschichte in Ihrem eigenen Tempo weiter, so wie Sie es mit jedem anderen Buch tun würden.

Erst wenn Sie eine Geschichte vollständig gelesen haben, sollten Sie zurückgehen und die Sprache der Geschichte vertiefen, wenn Sie das möchten. Anstatt sich Sorgen zu machen, ob Sie alles verstanden haben, sollten Sie sich die Zeit nehmen, sich auf das zu konzentrieren, was Sie verstanden haben, und sich selbst zu dem beglückwünschen, was Sie geschafft haben.

Einfache
Rumänische
Kurzgeschichten

București

Ioniță Ștefănescu este o **tânără care** tocmai s-a mutat din satul ei mic de la țară în București. Este entuziasmată să înceapă o nouă viață în marele oraș, dar descoperă rapid că nu este atât de ușor pe cât credea că va fi. Ioniță își găsește un **loc de muncă** la o piață locală, dar orele lungi și salariul mic îi fac greu să se descurce. Începe să se simtă ca și cum ar fi **blocată** într-o rutină și se întreabă dacă nu cumva există mai mult decât atât în viață. Într-o zi, Ioniță întâlnește o femeie pe nume Lila, care îi povestește despre un club **clandestin** numit Blue Moon, unde oamenii merg să danseze, să bea și să se distreze fără să se îngrijoreze de lumea exterioară. Ionita este intrigată de această idee și decide să meargă să vadă și ea The Blue Moon într-o seară, după serviciu.

Ioniță este nervoasă în timp ce se îndreaptă spre Luna Albastră, **neștiind la** ce să se aștepte. Dar imediat ce intră înăuntru, știe că o să se distreze. Clubul este întunecat și misterios, cu lumini albastre care luminează **ringul de dans**. Ioniță se simte ca și cum ar fi fost transportată într-o altă lume. Începe să danseze și uită de toate problemele ei. Pentru prima dată după luni de zile, se simte **vie** și fericită. Dansează toată noaptea și își face noi prieteni care îi împărtășesc dragostea

Bukarest

Ionita Stefanescu ist eine junge **Frau**, die gerade aus ihrem kleinen Dorf auf dem Lande nach Bukarest gezogen ist. Sie freut sich auf ihr neues Leben in der Großstadt, aber sie stellt schnell fest, dass es nicht so einfach ist, wie sie es sich vorgestellt hat. Ionita findet einen **Job** auf einem lokalen Markt, aber die langen Arbeitszeiten und die geringe Bezahlung machen es ihr schwer, über die Runden zu kommen. Sie hat das Gefühl, in einem Trott **festzustecken**, und fragt sich, ob es mehr im Leben gibt als das. Eines Tages lernt Ionita eine Frau namens Lila kennen, die ihr von einem Underground-Club namens Blue Moon erzählt, in dem die Leute tanzen, trinken und Spaß haben, ohne sich um die Außenwelt zu kümmern. Ionita ist von dieser Idee fasziniert und beschließt, das Blue Moon eines Abends nach der Arbeit selbst zu besuchen.

Ionita ist nervös, als sie zum Blue Moon geht, weil sie **nicht weiß**, was sie erwartet. Aber sobald sie den Club betritt, weiß sie, dass sie eine gute Zeit haben wird. Der Club ist dunkel und geheimnisvoll, blaue Lichter erhellen die **Tanzfläche**. Ionita hat das Gefühl, in eine andere Welt versetzt worden zu sein. Sie beginnt zu tanzen und vergisst all ihre Sorgen. Zum ersten Mal seit Monaten fühlt sie sich **lebendig** und glücklich. Sie tanzt

pentru muzică și **dans**.

A doua zi, Ioniță se trezește odihnit și revigorat. Ea decide să renunțe la slujba de la piață și să înceapă să exploreze mai mult Bucureștiul, acum că știe că viața înseamnă mult mai mult decât să muncească toată ziua. Ioniță descoperă că Bucureștiul este un oraș plin de istorie, **cultură** și viață de noapte. Își petrece zilele **explorând** diferitele cartiere și învățând despre oamenii care locuiesc acolo. De asemenea, începe să învețe mai multe despre ea însăși și despre ceea ce își dorește de la viață. Un an mai târziu, Ioniță este o persoană complet diferită față de cum era atunci când a ajuns pentru prima dată în București. Este încrezătoare, fericită și și-a găsit locul în **lume**. De fiecare dată când se gândește la vechea ei viață din **sat, i se** pare că a trecut o viață. Ioniță știe că Bucureștiul este acum casa ei și că nu ar vrea să plece niciodată.

die ganze Nacht hindurch und findet neue Freunde, die ihre Liebe zur Musik und zum **Tanzen teilen**.

Am nächsten Tag wacht Ionita auf und fühlt sich erfrischt und gestärkt. Sie beschließt, ihren Job auf dem Markt zu kündigen und Bukarest zu erkunden, da sie nun weiß, dass das Leben viel mehr zu bieten hat als nur den ganzen Tag zu arbeiten. Ionita entdeckt, dass Bukarest eine Stadt voller Geschichte, **Kultur** und Nachtleben ist. Sie verbringt ihre Tage damit, die verschiedenen Stadtteile **zu erkunden** und mehr über die Menschen zu erfahren, die dort leben. Dabei lernt sie auch mehr über sich selbst und darüber, was sie vom Leben erwartet. Ein Jahr später ist Ionita ein völlig anderer Mensch als bei ihrer Ankunft in Bukarest. Sie ist selbstbewusst, glücklich und hat ihren Platz in der **Welt** gefunden. Wenn sie an ihr altes Dorfleben zurückdenkt, kommt es ihr wie eine Ewigkeit vor. Ionita weiß, dass Bukarest jetzt ihr Zuhause ist, und sie würde es nie verlassen wollen.

Întrebări de înțelegere

1. Cum se numește clubul la care merge Ioniță?

2. Care este culoarea principală a clubului?

3. Cum se simte Ioniță atunci când se află în club?

4. Cu cine se întâlnește Ioniță la club?

5. Ce îi spune Lila lui Ioniță despre club?

6. Cum se simte Ioniță când se trezește a doua zi?

7. Ce face Ioniță după ce își dă demisia?

8. Cum este un an mai târziu pentru Ioniță?

9. Ce părere are Ioniță despre viața din sat?

10. Unde este casa lui Ioniță?

Fragen zum Verständnis

1. Wie heißt der Club, in den Ionita geht?

2. Was ist die Hauptfarbe des Clubs?

3. Wie fühlt sich Ionita, wenn sie im Club ist?

4. Wen trifft Ionita im Club?

5. Was sagt Lila zu Ionita über den Club?

6. Wie fühlt sich Ionita, als sie am nächsten Tag aufwacht?

7. Was macht Ionita, nachdem sie ihren Job gekündigt hat?

8. Wie sieht es ein Jahr später für Ionita aus?

9. Was denkt Ionita über ihr Leben im Dorf?

10. Wo ist Ionitas Zuhause?

Munții Carpați

Munții Carpați sunt un loc **frumos**, dar periculos. Eu și familia mea făceam o drumeție prin ei când am auzit deodată un zgomot puternic. Părea că ceva vine spre noi! Ne-am ascuns repede după niște **stânci**, dar orice ar fi fost, ne-a găsit. S-a dovedit a fi un urs mare! Ursul a început să ne atace și a trebuit să ne luptăm pentru viețile noastre. Din fericire, am reușit să ucidem ursul înainte ca acesta să ne facă vreun **rău serios.** Cu toate acestea, această experiență mi-a lăsat un respect profund pentru pericolele din Munții Carpați. Eu și familia mea făceam o drumeție prin Munții Carpați când am auzit **brusc** un zgomot puternic. Părea că ceva vine spre noi!

Ne-am ascuns repede după niște pietre, dar orice ar fi fost, ne-a găsit. S-a dovedit a fi un urs mare! Ursul a început să ne atace și a trebuit să ne **luptăm** pentru viețile noastre. Din fericire, am reușit să ucidem ursul înainte ca acesta să ne facă vreun rău serios. Cu toate acestea, această experiență mi-a lăsat un **respect** profund pentru pericolele din Munții Carpați. După întâlnirea cu ursul, am decis să ne întoarcem. Eram cu toții zdruncinați și nu am vrut să ne asumăm niciun risc. În timp ce începeam să ne îndreptăm spre **munte, am auzit un** alt zgomot. De data aceasta, părea că cineva

Karpaten

Die Karpaten sind ein **schöner**, aber gefährlicher Ort. Meine Familie und ich wanderten durch sie, als wir plötzlich ein lautes Geräusch hörten. Es hörte sich an, als käme etwas auf uns zu! Wir versteckten uns schnell hinter einigen **Felsen**, aber was auch immer es war, es fand uns. Es stellte sich heraus, dass es ein großer Bär war! Der Bär griff uns an, und wir mussten um unser Leben kämpfen. Glücklicherweise gelang es uns, den Bären zu töten, bevor er uns ernsthaft **Schaden** zufügen konnte. Dieses Erlebnis hat bei mir jedoch einen tiefen Respekt vor den Gefahren der Karpaten hinterlassen. Meine Familie und ich waren auf einer Wanderung durch die Karpaten, als wir **plötzlich** ein lautes Geräusch hörten. Es hörte sich an, als käme etwas auf uns zu!

Wir versteckten uns schnell hinter einigen Felsen, aber was auch immer es war, es fand uns. Es stellte sich als ein großer Bär heraus! Der Bär griff uns an, und wir mussten um unser Leben kämpfen. Glücklicherweise gelang es uns, den Bären zu töten, bevor er uns ernsthaft Schaden zufügen konnte. Dieses Erlebnis hat bei mir jedoch einen tiefen **Respekt vor den** Gefahren der Karpaten hinterlassen. Nach unserer Begegnung mit dem Bären beschlossen wir, umzukehren. Wir

plângea. Am urmărit sunetul și am găsit o fetiță care se **rătăcise**.

Era îngrozită și plină de zgârieturi de la alergarea în tufișuri. Am liniștit-o și am ajutat-o să găsească drumul înapoi spre siguranță. Munții Carpați sunt un loc frumos, dar pot fi foarte **periculoși** dacă nu ești atent. În cele din urmă am reușit să ne întoarcem la **mașină** și am plecat din Munții Carpați. A fost la limită, dar am fost cu toții în siguranță. Nu voi uita niciodată ce s-a întâmplat **în timpul** drumeției noastre și voi fi mereu **recunoscător că am reușit să** scăpăm cu viață. Munții Carpați sunt un loc frumos, dar sunt și foarte periculoși. Dacă vă aflați vreodată în munți, asigurați-vă că rămâneți în alertă și urmăriți orice semn de pericol.

waren alle aufgewühlt und wollten kein Risiko eingehen. Als wir uns auf den Weg nach unten machten, hörten wir ein weiteres Geräusch. Diesmal hörte es sich an, als würde jemand weinen. Wir folgten dem Geräusch und fanden ein kleines Mädchen, das sich **verlaufen hatte**.

Sie war verängstigt und mit Kratzern übersät, weil sie ins Gebüsch gerannt war. Wir trösteten sie und halfen ihr, den Weg zurück in Sicherheit zu finden. Die Karpaten sind ein wunderschöner Ort, aber sie können auch sehr **gefährlich sein**, wenn man nicht vorsichtig ist. Schließlich schafften wir es zurück zu unserem **Auto** und fuhren von den Karpaten weg. Es war eine knappe Sache, aber wir waren alle in Sicherheit. Ich werde nie vergessen, was **auf** unserer Wanderung passiert ist, und ich werde immer **dankbar sein,** dass wir es lebend raus geschafft haben. Die Karpaten sind ein wunderschöner Ort, aber sie sind auch sehr gefährlich. Wenn ihr euch jemals in den Bergen aufhaltet, solltet ihr wachsam sein und auf alle Anzeichen von Gefahr achten.

Întrebări de înțelegere

1. Ce spune autorul despre Munții Carpați?

2. Ce s-a întâmplat când familia era în drumeție?

3. Care a fost zgomotul pe care l-au auzit?

4. Ce au găsit când au urmărit zgomotul?

5. De ce s-a pierdut fetița?

6. Cum s-a simțit familia când a ajuns înapoi la mașină?

7. Care este părerea generală a autorului despre Munții Carpați?

8. Ce sfat le dă autorul oamenilor care se află în munți?

9. Ce s-ar fi putut întâmpla dacă familia nu ar fi reușit să omoare ursul?

10. Ce credeți că își va aminti cel mai mult autorul despre drumeția sa?

Fragen zum Verständnis

1. Was sagt der Autor über die Karpaten?

2. Was passierte, als die Familie wandern war?

3. Was war das für ein Geräusch, das sie hörten?

4. Was haben sie gefunden, als sie dem Geräusch gefolgt sind?

5. Warum war das kleine Mädchen verloren?

6. Wie hat sich die Familie gefühlt, als sie zum Auto zurückkam?

7. Was hält der Autor insgesamt von den Karpaten?

8. Welchen Rat gibt der Autor den Menschen, die sich in den Bergen befinden?

9. Was hätte passieren können, wenn es der Familie nicht gelungen wäre, den Bären zu töten?

10. Woran wird sich der Autor Ihrer Meinung nach am meisten bei seiner Wanderung erinnern?

Sarmale

Era o zi rece de iarnă în București, iar **zăpada** cădea ușor din cer. Românii adoră sarmalele, un fel de mâncare tradițională din frunze de **varză** umplute cu carne de porc și orez. La fel și eu. Bunica mea făcea cea mai bună sarmale din lume. Ori de câte ori o vizitam, avea întotdeauna o oală de sarmale care fierbea pe aragaz, gata să fie devorată de familia ei iubitoare. Dar astăzi, nu mai există sarmale pentru mine. Indiferent cât de mult o implor și o rog pe bunica mea, ea refuză să mi-l facă. Spune că este prea bătrână și că nu mai are **puterea** de a-l face. Dezamăgit, mă târăsc înapoi acasă prin zăpadă, cu stomacul mârâind tot drumul. Ajung acasă și o găsesc pe mama în **bucătărie,** gătindu-mi o furtună.

Mirosul delicios de sarmale umple aerul, iar mie îmi vine instantaneu apa în **gură.** Se pare că a făcut suficient pentru o armată! Când o întreb de ce a gătit atât de mult, zâmbește pur și simplu și spune că știe cât de mult îmi place sarmale și a vrut să se asigure că am ce **mânca.** Mulțumindu-i din belșug, mă arunc în oala de sarmale și **devorez** cât de multe pot. Sunt absolut delicioase! Cu fiecare îmbucătură, pot simți dragostea și grija bunicii mele. Chiar dacă nu mai este printre noi, spiritul ei continuă să trăiască prin acest minunat

Sarmale

Es war ein kalter Wintertag in Bukarest und der **Schnee** fiel sanft vom Himmel. Die Rumänen lieben ihre Sarmale, ein traditionelles Gericht aus Kohlblättern, die mit Schweinefleisch und Reis gefüllt sind. Und ich auch. Meine Großmutter machte die besten Sarmale der Welt. Wenn ich sie besuchte, hatte sie immer einen Topf mit Sarmale auf dem Herd stehen, bereit für den Verzehr durch ihre liebevolle Familie. Aber heute gibt es keinen Sarmale für mich. Egal, wie sehr ich meine Großmutter anflehe und anflehe, sie weigert sich, ihn für mich zu machen. Sie sagt, sie sei zu alt und habe nicht mehr die **Kraft**, ihn zu machen. Enttäuscht stapfe ich durch den Schnee nach Hause, während mein Magen knurrt. Als ich zu Hause ankomme, steht meine Mutter in der **Küche** und kocht wie wild.

Der köstliche Geruch von Sarmale erfüllt die Luft und mir läuft sofort das Wasser im **Mund** zusammen. Es scheint, als hätte sie genug für eine ganze Armee gekocht! Als ich sie frage, warum sie so viel gekocht hat, lächelt sie nur und sagt, dass sie weiß, wie sehr ich Sarmale liebe, und dass sie sicherstellen wollte, dass ich genug zu **essen** habe. Ich bedanke mich herzlich und stürze mich in den Topf mit Sarmale und **verschlinge** so viele, wie ich kann. Sie sind absolut

fel de mâncare. În fiecare iarnă, îmi propun să vizitez **mormântul** bunicii mele și să am o oală de sarmale care să fiarbă la foc mic pe aragaz, așa cum făcea ea. Este modul meu de a-i cinsti memoria și de a o păstra vie în **inimile** noastre.

În timp ce mă așez să mă bucur de un alt bol delicios de sarmale, nu pot să nu zâmbesc, știind că, deși a murit, moștenirea ei continuă să trăiască prin acest fel de mâncare pe care îl iubim cu toții atât de mult. Sarmale nu este doar un **fel de mâncare,** este o parte din ceea ce suntem. Este o parte din cultura și **istoria noastră**. Și va continua să fie transmisă din generație în generație, aducându-ne pe toți împreună în acest proces. Așadar, data viitoare când vă veți bucura de un **bol** de sarmale, gândiți-vă un moment la cei care au venit înaintea noastră și au făcut din acest fel de mâncare ceea ce este astăzi. Și aceasta este povestea sarmalei. Un fel de **mâncare** care este mult mai mult decât o simplă **mâncare**. Este o parte din identitatea noastră și va continua să ne aducă pe toți **împreună în** anii ce vor urma.

köstlich! Mit jedem Bissen kann ich die Liebe und Fürsorge meiner Großmutter schmecken. Auch wenn sie nicht mehr bei uns ist, lebt ihr Geist durch dieses wunderbare Gericht weiter. Jeden Winter besuche ich das **Grab** meiner Großmutter und lasse einen Topf mit Sarmale auf dem Herd köcheln, so wie sie es getan hat. Das ist meine Art, ihr Andenken zu ehren und sie in unseren **Herzen** lebendig zu halten.

Als ich mich hinsetze, um eine weitere köstliche Schüssel Sarmale zu genießen, kann ich nicht anders als zu lächeln, denn ich weiß, dass ihr Vermächtnis durch dieses Gericht, das wir alle so sehr lieben, weiterlebt, auch wenn sie nicht mehr da ist. Sarmale ist nicht nur ein **Gericht**, es ist ein Teil von uns selbst. Es ist ein Teil unserer Kultur und unserer **Geschichte**. Und es wird auch weiterhin von Generation zu Generation weitergegeben werden und uns dabei alle zusammenbringen. Wenn Sie sich also das nächste Mal hinsetzen, um eine **Schüssel** Sarmale zu genießen, nehmen Sie sich einen Moment Zeit, um an diejenigen zu denken, die vor uns gekommen sind und dieses Gericht zu dem gemacht haben, was es heute ist. Und das ist die Geschichte des Sarmale. Ein Gericht, das so viel mehr ist als nur ein **Essen**. Es ist ein Teil unserer Identität, und es wird uns alle auch in Zukunft **zusammenbringen**.

Întrebări de înțelegere

1. Ce este sarmale?

2. Care este umplutura tradițională pentru sarmale?

3. De ce bunica protagonistului nu face sarmale astăzi?

4. Ce simte protagonistul atunci când simte mirosul de sarmale gătite acasă?

5. De ce mama protagonistului făcea atât de multă sarmale?

6. Cum se simte protagonistul după ce mănâncă sarmale?

7. Care este planul protagonistului pentru a onora memoria bunicii sale?

8. Care este semnificația sarmalei în cultura românească?

9. Cum se transmite sarmalele din generație în generație?

10. Despre ce este vorba în povestea lui sarmale?

Fragen zum Verständnis

1. Was ist Sarmale?

2. Was ist die traditionelle Füllung für Sarmale?

3. Warum macht die Großmutter des Protagonisten heute keinen Sarmale?

4. Wie fühlt sich der Protagonist, wenn er zu Hause den Geruch von Sarmale riecht?

5. Warum hat die Mutter des Protagonisten so viel Sarmale gemacht?

6. Wie fühlt sich der Protagonist nach dem Verzehr von Sarmale?

7. Welchen Plan verfolgt der Protagonist, um das Andenken seiner Großmutter zu ehren?

8. Was ist die Bedeutung von Sarmale in der rumänischen Kultur?

9. Wie wird Sarmale von Generation zu Generation weitergegeben?

10. Worum geht es in der Geschichte von Sarmale?

Constantin Brâncuși

Constantin Brâncuși s-a născut în 1876 în România. A crescut înconjurat de **frumoșii** Munți Carpați și de Marea Neagră. De la o vârstă fragedă, a manifestat interes pentru artă și a fost încurajat de familia sa să o urmeze. După ce a terminat liceul, s-a înscris la Școala de Arte Frumoase din București, unde a studiat timp de doi ani înainte de a se **muta la** Paris în 1900. Acolo, și-a continuat studiile la École des Beaux-Arts și și-a dezvoltat rapid un stil propriu și unic, care îl va transforma într-unul dintre cei mai importanți sculptori ai secolului XX. **Opera** lui Brâncuși se caracterizează prin simplitate și abstractizare. Scopul său a fost de a surprinde esența subiecților săi mai degrabă decât aspectul lor **fizic.** Acest lucru poate fi observat în lucrări precum "Sărutul", care înfățișează doi îndrăgostiți care se îmbrățișează fără nicio trăsătură facială, sau "Pasăre în spațiu", care prezintă o pasăre cu aripile întinse, dar fără picioare sau pene de coadă.

Deși aceste sculpturi pot părea **simple** la prima vedere, ele sunt de fapt destul de complexe și necesită o mare îndemânare pentru a fi create. De-a lungul carierei sale, Brâncuși a experimentat cu diferite materiale și **tehnici.** A folosit adesea marmură sau lemn pentru sculpturile

Constantin Brancusi

Constantin Brancusi wurde 1876 in Rumänien geboren. Er wuchs umgeben von den **wunderschönen** Karpaten und dem Schwarzen Meer auf. Schon in jungen Jahren interessierte er sich für Kunst und wurde von seiner Familie ermutigt, sich damit zu beschäftigen. Nach seinem Schulabschluss schrieb er sich an der Hochschule für Bildende Künste in Bukarest ein, wo er zwei Jahre lang studierte, bevor er 1900 nach Paris **ging**. Dort setzte er seine Studien an der École des Beaux-Arts fort und entwickelte schnell seinen eigenen, einzigartigen Stil, der ihn zu einem der bedeutendsten Bildhauer des 20. Jahrhunderts machen sollte. Brancusis **Werk zeichnet sich** durch seine Einfachheit und Abstraktion aus. Sein Ziel war es, das Wesen seiner Objekte zu erfassen und nicht ihre **physische** Erscheinung. Dies zeigt sich in Werken wie "Der Kuss", das zwei sich umarmende Liebende ohne jegliche Gesichtszüge darstellt, oder "Vogel im Raum", das einen Vogel mit ausgebreiteten Flügeln, aber ohne Beine und Schwanzfedern zeigt.

Obwohl diese Skulpturen auf den ersten Blick **einfach** erscheinen, sind sie in Wirklichkeit recht komplex und erfordern viel Geschick bei ihrer Herstellung. Im

tradiționale, dar a lucrat, de asemenea, cu bronz, metal, piatră și chiar sticlă, **ocazional**. Pe lângă sculptură, s-a mai ocupat și de pictură și fotografie, deși niciunul dintre aceste medii nu i-a captat vreodată imaginația așa cum a făcut-o **sculptura**. Indiferent de materialul cu care lucra sau de tehnica pe care o folosea, Brâncuși a urmărit întotdeauna perfecționismul, atât din punct de vedere estetic, cât și tehnic. O poveste interesantă despre Constantin Brâncuși implică Coloana fără sfârșit, una dintre cele mai **faimoase** sculpturi ale sale.

Versiunea originală era formată din 16 secțiuni **identice** suprapuse, dar atunci când a fost instalată în aer liber , doar 14 au putut fi folosite, deoarece erau prea înalte. Așa că, în schimb , Brancusis a tăiat două secțiuni de jos, făcându-le mai scurte decât toate cele de deasupra lor. Acest lucru a **creat** o iluzie optică prin care Coloana Fără Sfârșit părea mult mai înaltă decât era de fapt atunci când era privită de la distanță; toate cele 16 **secțiuni** păreau a fi încă intacte, în ciuda faptului că au fost tăiate fizic. Constantin Brâncuși a murit în 1957, la vârsta de 81 de ani.

Laufe seiner Karriere experimentierte Brancusi mit verschiedenen Materialien und **Techniken**. Für seine traditionellen Skulpturen verwendete er häufig Marmor oder Holz, aber er arbeitete auch mit Bronze, Metall, Stein und **gelegentlich** sogar mit Glas. Neben der Bildhauerei beschäftigte er sich auch mit Malerei und Fotografie, obwohl keines der beiden Medien seine Phantasie so sehr beflügelte wie die **Bildhauerei**. Unabhängig davon, mit welchem Material er arbeitete oder welche Technik er anwandte, strebte Brancusi stets nach Perfektionismus, sowohl in ästhetischer als auch in technischer Hinsicht. Eine interessante Geschichte über Constantin Brancusi ist die "Endlose Säule", eine seiner **berühmtesten** Skulpturen.

Die ursprüngliche Version bestand aus 16 **identischen** Teilen, die übereinander gestapelt waren, aber bei der Aufstellung im Freien konnten nur 14 verwendet werden, weil sie zu hoch waren. Stattdessen schnitt Brancusis zwei Abschnitte von unten ab, so dass sie kürzer waren als alle darüber liegenden. Auf diese Weise **entstand** eine optische Täuschung, durch die die Endlose Säule aus der Ferne betrachtet viel höher erschien, als sie tatsächlich war; alle 16 **Teile** sahen aus, als wären sie noch intakt, obwohl sie physisch auseinandergeschnitten waren. Constantin Brancusi starb 1957 im Alter von 81 Jahren.

Întrebări de înțelegere

1. Unde s-a născut Constantin Brâncuși?

2. Care a fost mediul de lucru ales de Constantin Brâncuși?

3. Cum se numea una dintre cele mai cunoscute sculpturi ale lui Constantin Brâncuși?

4. Ce a făcut Constantin Brâncuși cu cenușa sa după ce a murit?

5. Care a fost scopul lui Constantin Brâncuși cu sculpturile sale?

6. Ce școală a urmat Constantin Brâncuși pentru educația sa artistică?

7. În ce an s-a mutat Constantin Brâncuși la Paris?

8. Ce tip de sculptură este "Sărutul"?

9. Din ce era compusă versiunea originală a Coloanei fără sfârșit?

10. Cum a reușit Constantin Brâncuși să facă Coloana fără sfârșit să pară mai înaltă decât este în realitate?

Fragen zum Verständnis

1. Wo wurde Constantin Brancusi geboren?

2. Welches war das bevorzugte Medium von Constantin Brancusi?

3. Wie lautet der Name einer der berühmtesten Skulpturen von Constantin Brancusi?

4. Was hat Constantin Brancusi nach seinem Tod mit seiner Asche gemacht?

5. Was war das Ziel von Constantin Brancusi mit seinen Skulpturen?

6. Welche Schule besuchte Constantin Brancusi für seine Kunstausbildung?

7. In welchem Jahr zog Constantin Brancusi nach Paris?

8. Welche Art von Skulptur ist "Der Kuss"?

9. Woraus bestand die ursprüngliche Fassung von The Endless Column?

10. Wie hat Constantin Bräncusi die Endlose Säule höher erscheinen lassen, als sie tatsächlich ist?

Urșii bruni

Ursul brun era foarte obosit. **Mergea** de zile întregi, de când văzuse în depărtare incendiul uriaș de pădure. Flăcările erau din ce în ce mai aproape, iar ursul știa că trebuie să găsească un loc sigur unde să se ascundă. În cele din urmă, după ceea ce părea o veșnicie, ursul a dat peste o peșteră **mică.** Era suficient de mare pentru el și s-a târât repede înăuntru. Peștera era întunecată și mucegăită, dar era **mai bine** decât afară, unde fumul de la foc îl făcea să respire cu greu. Ursul s-a ghemuit într-un ghem și a încercat să doarmă. Următorul lucru pe care ursul l-a observat a fost că a fost scuturat și trezit. A deschis ochii groggy și a văzut un grup de oameni care **stăteau în fața** lui. Cu toții purtau haine ciudate și aveau rucsacuri mari în spate. Ursul nu știa ce erau, dar nu-i plăcea cum arătau.

Unul dintre oameni a făcut un pas înainte și a spus **ceva** într-o limbă pe care ursul nu o putea înțelege. Dar după tonul vocii sale, părea că întreabă dacă ursul este bine. Ursul s-a holbat la el pentru o clipă înainte de a da încet din cap "da". Omul a zâmbit și le-a făcut semn celorlalți să își **lase jos** rucsacurile. Aceștia au făcut cum le-a spus și apoi s-au așezat ei înșiși, scotând ceva **mâncare** din saci. După câteva minute, unul dintre ei a ridicat o bucată de carne spre urs și i-a făcut

Braunbären

Der Braunbär war sehr müde. Er war schon seit
Tagen **unterwegs**, seit er den großen Waldbrand in
der Ferne gesehen hatte. Die Flammen kamen immer
näher, und der Bär wusste, dass er einen sicheren Ort
zum Verstecken finden musste. Endlich, nach einer
gefühlten Ewigkeit, stieß der Bär auf eine **kleine** Höhle.
Sie war gerade groß genug, dass er hineinpasste,
und er kroch schnell hinein. Die Höhle war dunkel und
muffig, aber es war **besser** als draußen, wo der Rauch
des Feuers ihm das Atmen erschwerte. Der Bär rollte
sich zu einem Ball zusammen und versuchte, ein wenig
zu schlafen. Das nächste, was der Bär mitbekam,
war, dass er wachgerüttelt wurde. Er öffnete müde die
Augen und sah eine Gruppe von Menschen vor sich
stehen. Sie trugen alle seltsame Kleidung und hatten
große Rucksäcke auf dem Rücken. Der Bär wusste
nicht, was sie waren, aber es gefiel ihm nicht, wie sie
aussahen.

Einer der Menschen trat vor und sagte **etwas** in einer
Sprache, die der Bär nicht verstehen konnte. Aber
aus dem Tonfall seiner Stimme klang es, als würde er
fragen, ob es dem Bären gut ginge. Der Bär starrte ihn
einen Moment lang an, bevor er langsam mit dem Kopf
nickte: "Ja". Der Mensch lächelte und gab den anderen

semn să se apropie. Tentativ, ursul a făcut câțiva pași înainte și a mirosit mâncarea oferită înainte de a o lua cu grijă în gură. Trecuseră câteva zile de când ursul îi întâlnise pentru prima dată pe oameni. Rămăsese cu ei în **peștera** lor, iar aceștia îi dăduseră chiar și un nume: Smokey. Oamenii erau buni cu el, iar lui Smokey îi plăcea să fie în preajma lor.

De multe ori îi dădeau de mâncare, iar uneori ajungea chiar să **doarmă** în patul lor! Dar astăzi, ceva a fost diferit. Oamenii își împachetau repede lucrurile, iar Smokey putea simți că erau **speriați** de ceva. Nu a durat mult până când ursul a aflat ce se întâmplă. Un alt grup de oameni - acesta purtând haine închise la culoare și având arme - a intrat în peșteră. Smokey nu știa ce se întâmpla, dar își dădea seama că primul grup de oameni era în pericol. Fără să mai stea pe **gânduri, a atacat cel** de-al doilea grup de oameni, mârâind cu ferocitate în timp ce făcea acest lucru.

ein Zeichen, ihre Rucksäcke **abzulegen**. Sie taten, was er sagte, setzten sich und holten etwas **zu essen aus ihren** Taschen. Nach ein paar Minuten hielt einer von ihnen dem Bären ein Stück Fleisch hin und bedeutete ihm, näher zu kommen. Zögernd machte der Bär ein paar Schritte nach vorne und schnupperte an dem angebotenen Futter, bevor er es vorsichtig in sein Maul nahm. Es war schon ein paar Tage her, dass der Bär die Menschen zum ersten Mal getroffen hatte. Er war bei ihnen in ihrer **Höhle** geblieben, und sie hatten ihm sogar einen Namen gegeben: Smokey. Die Menschen waren freundlich zu ihm, und Smokey war gerne bei ihnen.

Sie gaben ihm oft zu essen, und manchmal durfte er sogar in ihrem Bett **schlafen**! Aber heute war etwas anders. Die Menschen packten schnell ihre Sachen zusammen, und Smokey konnte spüren, dass sie vor etwas **Angst hatten**. Es dauerte nicht lange, bis der Bär herausfand, was vor sich ging. Eine weitere Gruppe von Menschen, die dunkel gekleidet war und Waffen trug, kam in die Höhle. Smokey wusste nicht, was vor sich ging, aber er konnte erkennen, dass die erste Gruppe von Menschen in Gefahr war. Ohne weiter **darüber nachzudenken, stürzte** er sich auf die zweite Gruppe von Menschen und knurrte sie dabei heftig an.

Întrebări de înțelegere

1. Ce a văzut ursul brun în depărtare care l-a făcut să înceapă să meargă?

2. Ce a simțit ursul când i-a văzut prima dată pe oameni?

3. Ce au făcut oamenii când al doilea grup de oameni a intrat în peșteră?

4. De ce primul grup de oameni și-a lăsat în urmă camarazii răniți?

5. Ce părere a avut ursul brun despre oameni după ce a petrecut ceva timp cu ei?

6. Cum arăta cel de-al doilea grup de oameni?

7. Ce a făcut primul grup de oameni când a văzut al doilea grup de oameni?

8. Ce a făcut ursul brun când a văzut al doilea grup de oameni?

9. Când i-a întâlnit ursul brun prima dată pe oameni?

Fragen zum Verständnis

1. Was hat der Braunbär in der Ferne gesehen, das ihn zum Laufen veranlasste?

2. Was dachte der Bär über die Menschen, als er sie zum ersten Mal sah?

3. Was taten die Menschen, als die zweite Gruppe von Menschen in die Höhle kam?

4. Warum hat die erste Gruppe von Menschen ihre verletzten Kameraden zurückgelassen?

5. Was hielt der Braunbär von den Menschen, nachdem er einige Zeit mit ihnen verbracht hatte?

6. Wie sah die zweite Gruppe von Menschen aus?

7. Was hat die erste Gruppe von Menschen getan, als sie die zweite Gruppe von Menschen sah?

8. Was hat der Braunbär getan, als er die zweite Gruppe von Menschen sah?

9. Wann hat der Braunbär die Menschen zum ersten Mal getroffen?

Castelul Bran

Soarele abia începuse să apună când Castelul Bran a intrat în vizor. Era o priveliște frumoasă, cocoțat în vârful unui **deal** în mijlocul Transilvaniei. Cerul era plin de culoare, iar castelul părea să strălucească în lumină. Pe măsură ce se apropiau, grupul a putut vedea că porțile erau deschise și nu părea să fie nimeni în jur. Au ezitat o clipă, dar apoi au decis să intre înăuntru. După ce au **intrat, au** început să exploreze castelul. Era sinistru de liniștit și nu părea să existe semne de **viață** nicăieri. Și-au dat seama curând că nu erau singuri, totuși, când au auzit pași venind de la etaj. Mai era cineva în castel! S-au îndreptat cu precauție spre **etaj**, urmând pașii. În curând au ajuns la o ușă care era ușor **întredeschisă**.

Aruncând o privire înăuntru, au văzut pe cineva stând în fața unei **ferestre,** privind soarele care apunea. Persoana s-a întors și au văzut că era o femeie în vârstă. Avea o față blândă și a **zâmbit** când i-a văzut. Le-a făcut semn să intre și s-a prezentat ca fiind contesa Dracula. Le-a spus că soțul ei, Vlad Țepeș, murise de mulți ani, dar ea încă mai locuia în castel pentru că acesta îi purta atâtea amintiri. Contesa Dracula le-a arătat grupului împrejurimile **castelului** și le-a spus povești despre istoria acestuia. Ea a vorbit

Schloss Bran

Die Sonne war gerade untergegangen, als das Schloss
Bran in Sicht kam. Es war ein wunderschöner Anblick,
auf einem **Hügel** mitten in Transsilvanien gelegen. Der
Himmel leuchtete in allen Farben, und das Schloss
schien im Licht zu glühen. Als sie sich näherten, sahen
sie, dass die Tore offen standen und niemand in der
Nähe zu sein schien. Sie zögerten einen Moment,
entschieden sich dann aber, hineinzugehen. Als
sie **drinnen** waren, begannen sie, das Schloss zu
erkunden. Es war unheimlich still, und nirgendwo gab
es Anzeichen von **Leben**. Sie merkten jedoch bald,
dass sie nicht allein waren, als sie Schritte von oben
hörten. Es war noch jemand im Schloss! Vorsichtig
machten sie sich auf den Weg **nach oben** und folgten
den Schritten. Bald kamen sie zu einer Tür, die leicht
angelehnt war.

Als sie hineingingen, sahen sie jemanden vor einem
Fenster stehen, der in die untergehende Sonne
blickte. Die Gestalt drehte sich um, und sie sahen,
dass es eine alte Frau war. Sie hatte ein freundliches
Gesicht und **lächelte**, als sie sie sah. Sie winkte ihnen,
hereinzukommen, und stellte sich als Gräfin Dracula
vor. Sie erzählte ihnen, dass ihr Mann, Vlad Tepes,
schon seit vielen Jahren tot sei, sie aber immer noch

despre Vlad Țepeș cu mare dragoste și admirație, chiar dacă era cunoscut ca un conducător crud. Când a început să se facă noapte, i-a invitat să rămână la **cină**.

În timpul cinei, contesa i-a întrebat dacă vor să audă una dintre poveștile **preferate ale** lui Vlad... Povestea despre cum a fost înjunghiat. Toți au fost de acord că le-ar plăcea să o audă! Așa că contesa a început... "Totul a început într-o noapte întunecată, exact ca aceasta." Pe măsură ce contesa își continua povestea, **grupul** devenea din ce în ce mai **captivat**. Aproape că îl puteau vedea pe Vlad Țepeș în fața lor, împungându-și dușmanii în țepușe. Era o poveste macabră, dar fascinantă. Când povestea s-a terminat, toată lumea i-a mulțumit contesei pentru că a împărtășit-o cu ei. I-au urat **noapte bună** și s-au retras în camerele lor. În timp ce se aflau în pat, au putut auzi în **depărtare** urletul lupilor.

in dem Schloss lebe, weil es so viele Erinnerungen
für sie bereithalte. Gräfin Dracula führte die Gruppe
durch das **Schloss** und erzählte ihnen Geschichten
über seine Geschichte. Sie sprach mit großer Liebe
und Bewunderung von Vlad Tepes, auch wenn er
als grausamer Herrscher bekannt war. Als die Nacht
hereinbrach, lud sie sie ein, zum **Abendessen** zu
bleiben.

Während des Abendessens fragte die Gräfin, ob sie
eine von Vlads Lieblingsgeschichten hören wollten...
Die Geschichte, wie er aufgespießt wurde. Alle waren
sich einig, dass sie sie gerne hören würden! Also
begann die Gräfin... "Es begann alles in einer dunklen
Nacht wie dieser." Als die Gräfin ihre Geschichte
fortsetzte, wurde die **Gruppe** mehr und mehr **in ihren
Bann gezogen**. Sie konnten Vlad Tepes fast vor sich
sehen, wie er seine Feinde auf Pfählen aufspießte. Es
war eine grausame, aber faszinierende Geschichte. Als
die Geschichte zu Ende war, bedankten sich alle bei
der Gräfin dafür, dass sie sie mit ihnen geteilt hatte. Sie
wünschten ihr eine **gute Nacht** und zogen sich auf ihre
Zimmer zurück. Als sie im Bett lagen, hörten sie in der
Ferne das Heulen von Wölfen.

Întrebări de înțelegere

1. Cum arată castelul?

2. Cum este cerul?

3. Cum arată castelul în lumină?

4. Ce face grupul când vede castelul?

5. Ce își dau seama când se află în interiorul castelului?

6. Cine se află în castel cu ei?

7. Ce le spune bătrâna?

8. Ce îi invită să facă?

9. Despre ce este vorba în poveste?

10. Ce aude grupul noaptea?

Fragen zum Verständnis

1. Wie sieht das Schloss aus?

2. Wie sieht der Himmel aus?

3. Wie sieht das Schloss im Licht aus?

4. Was tut die Gruppe, wenn sie das Schloss sieht?

5. Was stellen sie fest, als sie im Schloss sind?

6. Wer ist mit ihnen in der Burg?

7. Was sagt die alte Frau zu ihnen?

8. Wozu fordert sie sie auf?

9. Worum geht es in der Geschichte?

10. Was hört die Gruppe nachts?

Delta Dunării

Delta Dunării este un loc de mare frumusețe, dar și un loc de mare **pericol**. Apele sunt înșelătoare, iar viața sălbatică este mortală. Dar pentru o femeie, Delta este casa ei. Nadia a trăit în Deltă cea mai mare parte a vieții sale. Cunoaște fiecare centimetru din ea, de la cele mai adânci adâncimi până la cele **mai înalte** vârfuri. Știe unde să găsească hrană și adăpost și cum să evite creaturile periculoase care se ascund în apele sale. Dar când soțul Nadiei este ucis de un crocodil, ea rămâne singură în Deltă, fără nimeni care să o protejeze. Nadia a fost întotdeauna o supraviețuitoare. S-a născut în Deltă, iar **părinții** ei au învățat-o cum să trăiască din pământ. Nadia a făcut tot ce a putut pentru a rămâne în viață în Deltă. A vânat pentru hrană, a construit adăposturi și a evitat cu orice preț contactul cu alți **oameni.**

Într-o zi, Nadia a întâlnit un bărbat pe nume Alexei, care locuia și el în Deltă. Acesta i-a povestit despre viața lui înainte de a veni în Deltă și despre cum a pierdut **totul** când familia lui a murit într-un incendiu. Nadia s-a simțit atrasă de el și, în timp, au devenit prieteni. Nadia și Alexei au continuat să trăiască **împreună** în Deltă, construindu-și încet-încet o viață pentru ei înșiși. Au vânat și au pescuit împreună, iar Nadia chiar

Donaudelta

Das Donaudelta ist ein Ort von großer Schönheit, aber es ist auch ein Ort großer **Gefahren**. Die Gewässer sind tückisch und die Tierwelt ist tödlich. Doch für eine Frau ist das Delta ihr Zuhause. Nadia hat fast ihr ganzes Leben im Delta verbracht. Sie kennt jeden Zentimeter des Deltas, von den tiefsten Tiefen bis zu den **höchsten** Gipfeln. Sie weiß, wo sie Nahrung und Unterschlupf findet und wie sie den gefährlichen Kreaturen, die in den Gewässern lauern, aus dem Weg gehen kann. Doch als Nadias Mann von einem Krokodil getötet wird, bleibt sie allein im Delta zurück und hat niemanden, der sie beschützt. Nadia war schon immer eine Überlebenskünstlerin. Sie wurde im Delta geboren, und ihre **Eltern** hatten ihr beigebracht, wie man auf dem Land lebt. Nadia tat alles, was sie konnte, um im Delta zu überleben. Sie jagte nach Nahrung, baute Unterschlüpfe und vermied den Kontakt zu anderen **Menschen** um jeden Preis.

Eines Tages traf Nadia einen Mann namens Alexej, der ebenfalls im Delta lebte. Er erzählte ihr von seinem Leben, bevor er ins Delta kam, und wie er **alles** verloren hatte, als seine Familie bei einem Feuer ums Leben kam. Nadia fühlte sich zu ihm hingezogen, und mit der Zeit wurden sie Freunde. Nadia und Alexej

a început să-l învețe unele dintre lucrurile pe care o învățaseră părinții ei. Dar într-o zi, viața lor idilică a fost spulberată când un grup de bărbați a venit în Deltă în căutarea supraviețuitorilor unui naufragiu. Aceștia i-au luat pe Nadia și pe Alexei în **captivitate, cu** intenția de a-i vinde ca sclavi. Nadia și Alexei au fost luați de către sclavagisti și vânduți unor proprietari diferiți. Nadia a fost cumpărată de un om **bogat** care a vrut-o ca servitoare personală. A fost tratată bine, dar tânjea după libertate. Între timp, Alexei a fost cumpărat de un fermier crud care l-a folosit ca forță de muncă la **ferma** sa.

Lucra din zori până la apus, fără odihnă și fără mâncare, în afară de cea pe care o putea fura noaptea din bucătăria fermei. Într-o zi, după luni de zile de planificare, Nadia a reușit în cele din urmă să evadeze din **casa** stăpânului ei. S-a întors în Deltă, unde știa că va găsi siguranță. Nadia și-a croit drum prin deltă, evitând **creaturile** periculoase care se ascundeau în apele ei. În cele din urmă, a ajuns la ferma lui Alexei.

lebten weiterhin **gemeinsam** im Delta und bauten sich langsam ein Leben auf. Sie jagten und fischten zusammen, und Nadia begann sogar, ihm einige der Dinge beizubringen, die ihre Eltern ihr beigebracht hatten. Doch eines Tages wurde ihr idyllisches Leben unterbrochen, als eine Gruppe von Männern ins Delta kam und nach Überlebenden eines Schiffbruchs suchte. Sie nahmen Nadia und Alexej **gefangen**, um sie als Sklaven zu verkaufen. Nadia und Alexej wurden von den Sklavenhändlern mitgenommen und an verschiedene Besitzer verkauft. Nadia wurde von einem **wohlhabenden** Mann gekauft, der sie als seine persönliche Dienerin haben wollte. Sie wurde gut behandelt, aber sie sehnte sich nach Freiheit. Alexej hingegen wurde von einem grausamen Bauern gekauft, der ihn als Arbeitskraft auf seinem **Hof** einsetzte.

Er arbeitete von der Morgendämmerung bis zur Abenddämmerung, ohne sich auszuruhen oder etwas anderes zu essen zu bekommen als das, was er nachts aus der Küche des Bauernhofs stehlen konnte. Eines Tages, nach monatelanger Planung, gelang es Nadia schließlich, aus dem **Haus ihres** Besitzers zu entkommen. Sie machte sich auf den Weg zurück zum Delta, wo sie wusste, dass sie Sicherheit finden würde. Nadia bahnte sich ihren Weg durch das Delta und wich den gefährlichen **Kreaturen aus**, die in seinen Gewässern lauerten. Schließlich erreichte sie Alexejs Hof.

Întrebări de înțelegere

1. Ce este Delta Dunării?

2. Care este pericolul pe care îl reprezintă Delta Dunării?

3. Cine este Nadia?

4. Ce face Nadia atunci când soțul ei este ucis?

5. Care este povestea lui Alexei?

6. Cum scapă Nadia?

7. Ce face Nadia când se întoarce în Deltă?

8. Cum se schimbă viața Nadiei după ce evadează?

9. Care este tema poveștii?

10. Care este morala poveștii?

Fragen zum Verständnis

1. Was ist das Donaudelta?

2. Was ist die Gefahr des Donaudeltas?

3. Wer ist Nadia?

4. Was tut Nadia, als ihr Mann getötet wird?

5. Was ist die Geschichte von Alexej?

6. Wie entkommt Nadia?

7. Was macht Nadia, wenn sie ins Delta zurückkehrt?

8. Wie verändert sich das Leben von Nadia nach ihrer Flucht?

9. Was ist das Thema der Geschichte?

10. Was ist die Moral der Geschichte?

Mici

Era o zi rece de iarnă în București, iar Mici, o **tânără** româncă, mergea la piață cu mama ei. Așteptase cu nerăbdare acest moment toată săptămâna. Mama ei îi promisese că îi va cumpăra din mâncarea ei preferată - mici! Mici sunt mici cârnați din carne de porc și de vită care sunt **foarte populari** în România. De obicei, se prepară la grătar sau la cuptor și se servesc cu muștar sau ketchup. Mici sunt una dintre mâncărurile preferate ale lui Mici și se bucură întotdeauna când mama ei îi cumpără. Astăzi, însă, a fost ceva **diferit în** piață. Era aproape ca și cum ar fi fost goală... Nu era niciun om în jur și nicio tarabă care să vândă vreo mâncare. Singurul lucru care se auzea era sunetul păsărilor ciripind în depărtare. Când au intrat **mai departe** în piață, au văzut de ce era atât de goală... Toată mâncarea fusese luată! Nu mai rămăsese nici măcar un fruct sau o legumă - chiar și taraba cu pâine fusese golită complet!

Mici și mama ei au fost amândouă șocate. Nu **mai** văzuseră niciodată așa ceva. Era ca și cum toată mâncarea din piață dispăruse pur și simplu! S-au mai plimbat o vreme, sperând să găsească ceva - orice - pe care să îl poată cumpăra, dar nu mai era nimic. **Dezamăgiți, au început să se** întoarcă acasă. În drum spre casă, mama lui Mici i-a spus că va trebui să

Mici

Es war ein kalter Wintertag in Bukarest, und Mici, ein **junges** rumänisches Mädchen, war mit ihrer Mutter auf dem Weg zum Markt. Sie hatte sich schon die ganze Woche auf diesen Tag gefreut. Ihre Mutter hatte ihr versprochen, ihr etwas von ihrem Lieblingsessen zu kaufen - Mici! Mici sind kleine Würstchen aus Schweine- und Rindfleisch, die in Rumänien **sehr beliebt sind**. Sie werden normalerweise gegrillt oder gebacken und mit Senf oder Ketchup serviert. Mici sind eines von Micis Lieblingsessen und sie freut sich immer, wenn ihre Mutter sie für sie kauft. Heute war der Markt jedoch irgendwie **anders**. Es war fast so, als wäre er leer... Es waren keine Menschen da und keine Stände, die Lebensmittel verkauften. Das Einzige, was man hören konnte, war das Zwitschern der Vögel in der Ferne. Als sie **weiter** in den Markt hineingingen, sahen sie, warum er so leer war... Alle Lebensmittel waren weggenommen worden! Es gab kein einziges Stück Obst oder Gemüse mehr - sogar der Brotstand war komplett leer geräumt worden!

Mici und ihre Mutter waren beide schockiert. So etwas hatten sie **noch** nie gesehen. Es war, als ob alle Lebensmittel auf dem Markt einfach verschwunden wären! Sie liefen noch eine Weile herum, in der

rămână fără Mici astăzi. Mici a fost supărată la început, dar apoi și-a dat seama că mai erau și alți oameni în București care nu aveau nici măcar **suficientă** mâncare. A decis că este norocoasă și că ar trebui să fie recunoscătoare pentru ceea ce are. Când au ajuns acasă, mama lui Mici a început să gătească o **masă** simplă de ouă și pâine prăjită.

În timp ce gătea, Mici s-a dus în camera ei și și-a luat jucăria preferată - un cârnat mici de pluș. L-a îmbrățișat strâns în timp ce se gândea la toți oamenii din București care erau înfometați. Mai târziu, în acea noapte, în timp ce stătea întinsă în pat, Mici și-a făcut o **promisiune**: într-o zi, va ajuta să se asigure că toată lumea are suficientă mâncare. Anii au trecut și Mici a crescut și a devenit o tânără puternică și **hotărâtă**. Și-a ținut promisiunea față de ea însăși și a devenit medic. Și-a dedicat viața pentru a-i ajuta pe alții, în special pe cei care erau înfometați sau în nevoie. Mici nu a uitat niciodată ziua **rece** de iarnă în care a văzut piața goală din București. A fost o experiență care i-a schimbat viața pentru totdeauna și care a inspirat-o să facă o diferență în **lume**.

Hoffnung, etwas - irgendetwas - zu finden, das
sie kaufen konnten, aber es war nichts mehr da.
Enttäuscht machten sie sich auf den Weg zurück
nach Hause. Auf dem Heimweg teilte Micis Mutter ihr
mit, dass sie heute ohne Mici gehen müsse. Mici war
zunächst verärgert, aber dann wurde ihr klar, dass es in
Bukarest noch andere Menschen gab, die nicht einmal
genug zu essen hatten. Sie beschloss, dass sie Glück
hatte und für das, was sie hatte, dankbar sein sollte.
Als sie nach Hause kamen, begann Micis Mutter ein
einfaches **Essen** zu kochen, das aus Eiern und Toast
bestand.

Während sie kochte, ging Mici in ihr Zimmer und holte
ihr Lieblingsspielzeug heraus - eine gefüllte Mici-Wurst.
Sie drückte sie ganz fest an sich, während sie an all die
Menschen in Bukarest dachte, die hungern mussten.
Später in der Nacht, als sie im Bett lag, gab Mici
sich selbst ein **Versprechen**: Eines Tages würde sie
dazu beitragen, dass alle Menschen genug zu essen
haben. Die Jahre vergingen und Mici wuchs zu einer
starken und **entschlossenen** jungen Frau heran. Sie
hielt ihr Versprechen an sich selbst und wurde Ärztin.
Sie widmete ihr Leben der Hilfe für andere, vor allem
für die, die hungrig oder in Not waren. Mici vergaß
nie den **kalten** Wintertag, als sie den leeren Markt in
Bukarest sah. Diese Erfahrung veränderte ihr Leben
für immer und inspirierte sie dazu, etwas in der **Welt zu**
verändern.

Întrebări de înțelegere

1. Care este numele protagonistului?

2. Ce îi place lui Mici să mănânce?

3. De ce era goală piața?

4. Cum se simte Mici când își dă seama că nu mai există mâncare în piață?

5. De ce mama lui Mici trebuie să gătească o masă simplă atunci când ajung acasă?

6. Ce promisiune își face Mici atunci când se întinde în pat în acea noapte?

7. Cum se schimbă caracterul lui Mici de la începutul până la sfârșitul povestirii?

8. Ce temă este prezentă în poveste?

9. Care credeți că a fost scopul autorului în scrierea acestei povestiri?

10. Ce ai fi făcut dacă ai fi fost în locul lui Mici?

Fragen zum Verständnis

1. Wie lautet der Name der Hauptfigur?

2. Was isst Mici am liebsten?

3. Warum war der Markt leer?

4. Wie fühlt sich Mici, als sie feststellt, dass es auf dem Markt keine Lebensmittel mehr gibt?

5. Warum muss Micis Mutter eine einfache Mahlzeit kochen, wenn sie nach Hause kommen?

6. Welches Versprechen gibt Mici sich selbst, als sie in dieser Nacht im Bett liegt?

7. Wie verändert sich der Charakter von Mici vom Anfang bis zum Ende der Geschichte?

8. Welches Thema ist in der Geschichte präsent?

9. Was denkst du, was der Autor mit dieser Geschichte bezweckt hat?

10. Was hättest du getan, wenn du an Micis Stelle gewesen wärst?

Palatul Parlamentului

Palatul Parlamentului este una dintre cele mai emblematice **clădiri** din București. A fost construit în timpul perioadei comuniste și este un simbol al acelei perioade. Clădirea este masivă și are multe camere și săli diferite. De asemenea, este foarte ornamentată, cu detalii complicate la exterior și în interior. Sunt ghid turistic la palat și îmi place foarte mult munca mea. Îmi place să le arăt oamenilor această clădire **uimitoare** și să le povestesc despre istoria ei. Întotdeauna îmi încep tururile vorbind despre faptul că palatul a fost construit în 1984, în timpul **dictaturii** lui Nicolae Ceaușescu. Construcția a durat peste trei ani, fiind folosite materiale din toată România. Peste 1.000 de muncitori au fost angajați pentru a lucra la proiect 24 de ore pe zi, șapte zile pe săptămână! Produsul **finit** este cu adevărat impresionant, măsurând 270 de metri lungime, 135 de metri lățime, 86 de metri înălțime și 12 etaje, cu peste 3100 de camere repartizate pe 330 de mii de **metri** pătrați.

Nu e de mirare că este considerată una dintre cele **mai mari clădiri** administrative din Europa! Și știați că, din cauza dimensiunii (și a greutății) sale, dacă ați

Palast des Parlaments

Der Parlamentspalast ist eines der bekanntesten
Gebäude in Bukarest. Er wurde während der
kommunistischen Ära gebaut und ist ein Symbol
für diese Zeit. Das Gebäude ist riesig und hat viele
verschiedene Räume und Säle. Es ist auch sehr
verziert, mit komplizierten Details an der Außen- und
Innenseite. Ich bin Fremdenführerin im Palast, und
ich liebe meine Arbeit. Es macht mir Spaß, die Leute
durch dieses **erstaunliche** Gebäude zu führen und
ihnen von seiner Geschichte zu erzählen. Ich beginne
meine Führungen immer damit, dass ich erzähle,
wie der Palast 1984 unter der **Diktatur** von Nicolae
Ceaușescu gebaut wurde. Die Bauarbeiten dauerten
über drei Jahre, wobei Materialien aus ganz Rumänien
verwendet wurden. Mehr als 1.000 Arbeiter waren
24 Stunden am Tag, sieben Tage die Woche mit dem
Projekt beschäftigt! Das **fertige** Produkt ist wirklich
beeindruckend: Es ist 270 Meter lang, 135 Meter breit,
86 Meter hoch und hat 12 Stockwerke mit über 3100
Zimmern auf 330 Tausend **Quadratmetern**.

Kein Wunder, dass es als eines der **größten**
Verwaltungsgebäude in Europa gilt! Und wussten Sie,

lua tot betonul folosit la construcție și l-ați așeza pe o suprafață mai mare decât cea a Vaticanului? Este greu de crezut, dar adevărat! După ce împărtășesc câteva fapte amuzante despre palat, îmi duc apoi oaspeții într-un tur al **interiorului**. Începem într-una dintre numeroasele săli, care sunt toate decorate diferit. Unele au candelabre atârnate de **tavan, în** timp ce altele au picturi complicate pe pereți. Indiferent de sala în care ne aflăm, însă, toată lumea este întotdeauna uimită de cât de grandios arată totul.

Apoi trecem la una dintre părțile mele preferate din turneu: apartamentul personal al lui Ceaușescu. Aici a lucrat și a avut întâlniri cu alți oficiali. Este format din mai multe camere diferite, inclusiv o sală mare de conferințe, biroul său privat , și chiar un dormitor! Toate aceste încăperi sunt **mobilate cu** lux de amănunte și ne oferă o privire asupra modului în care trăia Ceaușescu . După ce am văzut vechile birouri ale lui Ceaușescu, ne îndreptăm spre acoperiș pentru o priveliște incredibilă a Bucureștiului. De aici de sus, se poate vedea kilometri întregi în toate direcțiile! Într-o zi senină, puteți vedea chiar până la Muntele Ceahlau, cel mai înalt vârf **montan** din România.

dass aufgrund seiner Größe (und seines Gewichts) der gesamte Beton, der beim Bau verwendet wurde, eine Fläche bedecken würde, die größer ist als der Vatikanstaat? Es ist kaum zu glauben, aber wahr! Nachdem ich einige interessante Fakten über den Palast erzählt habe, führe ich meine Gäste durch die **Innenräume**. Wir beginnen in einem der vielen Säle, die alle unterschiedlich dekoriert sind. In einigen hängen Kronleuchter von der **Decke, in** anderen gibt es kunstvolle Gemälde an den Wänden. Aber egal, in welchem Saal wir uns befinden, alle sind immer wieder erstaunt, wie prachtvoll alles aussieht.

Dann kommen wir zu einem meiner Lieblingsteile der Tour: Ceaușescus persönliches **Bürozimmer**. Hier hat er gearbeitet und Treffen mit anderen Beamten abgehalten. Es besteht aus mehreren verschiedenen Räumen, darunter ein großer Konferenzraum, sein privates Büro und sogar ein Schlafzimmer! Alle diese Räume sind prunkvoll **eingerichtet** und geben uns einen Einblick in das Leben von Ceaușescu. Nachdem wir Ceaușescus alte Büroräume besichtigt haben, fahren wir auf das Dach, von wo aus wir einen unglaublichen Blick auf Bukarest haben. Von hier oben kann man meilenweit in alle Richtungen sehen! An einem klaren Tag kann man sogar bis zum Ceahlau-Gebirge sehen, dem höchsten **Berg** Rumäniens.

Întrebări de înțelegere

1. Ce este Palatul Parlamentului?

2. Care este simbolul Palatului Parlamentului?

3. Câte camere și săli are Palatul Parlamentului?

4. Cum arată exteriorul și interiorul Palatului Parlamentului?

5. Când a fost construit Palatul Parlamentului?

6. Cine a construit Palatul Parlamentului?

7. Cât timp a durat construcția Palatului Parlamentului?

8. Care este dimensiunea Palatului Parlamentului?

9. Care este apartamentul personal de birouri al lui Ceaușescu?

10. Care este priveliștea de pe acoperișul Palatului Parlamentului?

Fragen zum Verständnis

1. Was ist der Palast des Parlaments?

2. Wofür ist der Parlamentspalast ein Symbol?

3. Wie viele Räume und Säle hat der Palast des Parlaments?

4. Wie sieht das Äußere und Innere des Parlamentspalastes aus?

5. Wann wurde der Palast des Parlaments gebaut?

6. Wer hat den Parlamentspalast gebaut?

7. Wie lange dauerte es, den Parlamentspalast zu bauen?

8. Wie groß ist der Palast des Parlaments?

9. Was ist Ceaușescus persönliches Büroprogramm?

10. Welche Aussicht hat man vom Dach des Parlamentspalastes?

George Enescu

George Enescu s-a născut în micul sat Liveni, România, la 19 august 1881. Părinții săi erau țărani săraci. George Enescu s-a născut în micul sat Liveni, România, la 19 august 1881. Părinții săi erau țărani săraci care nu și-au permis să-l trimită la **școală**. Când avea doar patru ani, tatăl său a murit, iar mama sa a rămas să îl crească singură. Când George avea șapte ani, a auzit un bărbat cântând la vioară pe stradă și a fost imediat captivat de sunet. Și-a implorat **mama** să îi cumpere o vioară, iar aceasta a cedat în cele din urmă, chiar dacă a trebuit să își vândă singura vacă pentru a o plăti. Din acea zi, muzica a devenit viața lui George. A exersat ore întregi în fiecare zi și a devenit rapid foarte priceput la acest **instrument**. La vârsta de 16 ani, George a decis să plece de acasă și să încerce să-și câștige existența ca muzician în București, capitala României. Nu a fost ușor la început, dar în cele din urmă și-a găsit de lucru cântând în cafenele și **restaurante din** oraș.

Oamenii au început să îi remarce talentul și, în curând, a început să primească oferte pentru concerte mai bune, inclusiv petreceri private pentru familii bogate și chiar câteva **spectacole** cu orchestre. Până la împlinirea vârstei de 21 de ani, George s-a impus ca

George Enescu

George Enescu wurde am 19. August 1881 in dem kleinen Dorf Liveni in Rumänien geboren. Seine Eltern waren arme Landwirte. George Enescu wurde am 19. August 1881 in dem kleinen Dorf Liveni, Rumänien, geboren. Seine Eltern waren arme Bauern, die es sich nicht leisten konnten, ihn zur **Schule zu schicken**. Als er gerade vier Jahre alt war, starb sein Vater, und seine Mutter musste ihn allein großziehen. Als George sieben Jahre alt war, hörte er einen Mann auf der Straße Geige spielen und war sofort von dem Klang fasziniert. Er flehte seine **Mutter an**, ihm eine Geige zu kaufen, und sie willigte schließlich ein, auch wenn sie dafür ihre einzige Kuh verkaufen musste, um sie zu bezahlen. Von diesem Tag an wurde die Musik zu Georges Leben. Er übte jeden Tag stundenlang und wurde schnell sehr geschickt auf seinem **Instrument**. Als er sechzehn Jahre alt war, beschloss George, sein Zuhause zu verlassen und zu versuchen, in Bukarest, der Hauptstadt Rumäniens, als Musiker zu arbeiten. Anfangs war es nicht leicht, aber schließlich fand er Arbeit, indem er in Cafés und **Restaurants** in der Stadt spielte.

Die Leute wurden auf sein Talent aufmerksam, und schon bald bekam er Angebote für bessere Auftritte,

unul dintre cei mai populari muzicieni din București. În 1902, Enescu a întâlnit-o pe prințesa Marie Cantacuzene în timp ce cânta la una dintre **dineurile** soțului ei; aceasta avea să devină mai târziu o importantă patroană a carierei sale. În anul următor ,și-a făcut debutul ca solist la Filarmonica din Viena, ceea ce l-a lansat în faima **internațională.** În următoarele câteva decenii, Enescu a efectuat numeroase turnee în toată Europa, atât ca solist, cât și ca dirijor. În 1923 ,s-a întors în România unde a predat muzică la diferite **instituții**, inclusiv la Conservatorul din București, care îi poartă astăzi numele.

Deși cunoscut mai ales ca muzician, Enescu a fost și un compozitor talentat, ale cărui lucrări s-au **inspirat** din muzica populară românească. A scris mai multe opere, printre care Oedipe (1936) și dipe sur la route (1941-42), care sunt considerate printre cele mai bune realizări ale sale. Niciuna dintre ele nu a fost interpretată în timpul **vieții** sale din cauza totalitarismului noului regim comunist din România de după cel de-al Doilea Război Mondial, când toată muzica clasică occidentală a fost interzisă la interpretări sau difuzări publice.

darunter private Partys für wohlhabende Familien und sogar einige **Auftritte** mit Orchestern. Als er einundzwanzig wurde, hatte sich George als einer der beliebtesten Musiker Bukarests etabliert. 1902 lernte Enescu die Prinzessin Marie Cantacuzene kennen, als er bei einer Dinnerparty ihres Mannes auftrat; sie sollte später eine wichtige Gönnerin seiner Karriere werden. Im folgenden Jahr debütierte er als Solist bei den Wiener Philharmonikern, was ihm **internationalen** Ruhm einbrachte. In den folgenden Jahrzehnten unternahm Enescu ausgedehnte Tourneen durch ganz Europa und trat sowohl als Solist als auch als Dirigent auf. Im Jahr 1923 kehrte er nach Rumänien zurück, wo er an verschiedenen **Institutionen** Musik unterrichtete, darunter das Konservatorium in Bukarest, das heute seinen Namen trägt.

Obwohl er vor allem als Musiker bekannt ist, war Enescu auch ein talentierter Komponist, der sich in seinen Werken von der rumänischen Volksmusik **inspirieren ließ**. Er schrieb mehrere Opern, darunter Oedipe (1936) und dipe sur la route (1941-42), die zu seinen besten Leistungen gezählt werden. Aufgrund des totalitären Charakters des neuen kommunistischen Regimes im Nachkriegsrumänien wurde keine der beiden Opern zu seinen **Lebzeiten** aufgeführt, da alle westliche klassische Musik von der öffentlichen Aufführung oder Ausstrahlung ausgeschlossen war.

Întrebări de înțelegere

1. Unde s-a născut George Enescu?

2. Cu ce se ocupau părinții lui George Enescu?

3. Când a murit tatăl lui George Enescu?

4. Cum a auzit George Enescu pentru prima dată vioara?

5. Ce a fost nevoită să vândă mama lui George Enescu pentru a-i cumpăra o vioară?

6. Unde a plecat George Enescu când avea 16 ani?

7. Ce a făcut George Enescu când a ajuns la București?

8. Cine a devenit o importantă patroană a carierei lui George Enescu?

9. Ce a făcut George Enescu în 1923?

10. De ce nu au fost reprezentate operele lui Enescu în timpul vieții sale?

Fragen zum Verständnis

1. Wo wurde George Enescu geboren?

2. Was haben die Eltern von George Enescu beruflich gemacht?

3. Wann ist der Vater von George Enescu gestorben?

4. Wie hat George Enescu zum ersten Mal Geige gehört?

5. Was musste die Mutter von George Enescu verkaufen, um ihm eine Geige kaufen zu können?

6. Wohin ging George Enescu, als er sechzehn Jahre alt war?

7. Was hat George Enescu bei seiner Ankunft in Bukarest getan?

8. Wer war eine wichtige Mäzenin in George Enescus Karriere?

9. Was hat George Enescu 1923 gemacht?

10. Warum wurden die Opern von Enescu zu seinen Lebzeiten nicht aufgeführt?

La plajă

După răsăritul soarelui, valurile sunt mai puternice, iar nisipul de deasupra mareei este alb. Mă duc pe plajă, **admirând** marea și soarele. Degetele mele de la picioare simt canelurile scoicilor. Nisipul este rece pe degetele mele de la picioare. Zâmbesc și continui să merg. Mareea este mare, așa că trebuie să fiu atentă să nu fiu trasă în apă. Mă plimb pe malul apei, admirând marea. Răsăritul de soare este **frumos,** iar valurile se sparg. Mă simt atât de liniștită. Ajung la un loc unde se află o stâncă. Mă așez și privesc valurile. Apa este atât de albastră, iar cerul este atât de **portocaliu**. Mă simt de parcă aș fi într-un vis. Închid ochii și doar ascult valurile. Am stat acolo mult timp, până când am auzit pe cineva strigându-mi numele.

Deschid ochii și o văd pe mama venind spre mine. Avea o privire îngrijorată pe față. Eu zâmbesc și îi fac cu mâna, iar ea se **relaxează**. "Mă întrebam unde te-ai dus", spune ea. "Mă bucur că te bucuri de plajă". Îi răspund: "Chiar mă bucur". "Este atât de frumos aici". "Știu", spune ea. "Obișnuiam să vin aici tot timpul când eram de vârsta ta." "Serios?" întreb. "Da", îmi răspunde ea. "E un loc special." "Ai întâlnit vreodată pe cineva special aici?" Am întrebat. "Am întâlnit", răspunde ea cu un zâmbet. "Pe tatăl tău." "Serios?" Spun,

Am Strand

Nach Sonnenaufgang sind die Wellen lauter und der Sand über der Flut ist weiß. Ich gehe hinunter zum Strand, **bewundere** das Meer und die Sonne. Meine Zehen spüren die Rillen der Muscheln. Der Sand ist kalt an meinen Zehen. Ich lächle und gehe weiter. Die Flut ist hoch, also muss ich aufpassen, dass ich nicht hineingezogen werde. Ich laufe am Ufer entlang und bewundere das Meer. Der Sonnenaufgang ist **wunderschön**, und die Wellen plätschern. Ich fühle mich so friedlich. Ich komme zu einer Stelle, an der ein Felsvorsprung steht. Ich setze mich hin und beobachte die Wellen. Das Wasser ist so blau und der Himmel ist so **orange**. Ich fühle mich wie in einem Traum. Ich schließe die Augen und lausche einfach nur den Wellen. Ich saß lange Zeit dort, bis ich hörte, wie jemand meinen Namen rief.

Ich öffne meine Augen und sehe meine Mutter auf mich zukommen. Sie hat einen besorgten Ausdruck im Gesicht. Ich lächle und winke, und sie **entspannt sich**. "Ich habe mich schon gefragt, wo du bist", sagt sie. "Ich freue mich, dass du den Strand genießt." Ich antworte: "Das tue ich." "Es ist so schön hier." "Ich weiß", sagt sie. "Als ich in deinem Alter war, bin ich ständig hierhergekommen." "Wirklich?" frage ich. "Ja",

surprinsă. "Da", spune ea. "Obișnuiam să venim aici tot timpul împreună. Aici ne-am îndrăgostit. " Zâmbesc, **imaginându-mi** părinții mei îndrăgostiți pe această plajă frumoasă. "Este un loc special", repetă ea. "Mă bucur că ai venit aici astăzi".

Mai stăm acolo o vreme, **privind** valurile și apusul. Apoi ne ridicăm și ne întoarcem la prosoapele noastre de plajă. Mă întind și mă uit la stele. Mă simt atât de fericită și mulțumită. Valurile sunt mai puternice acum, iar nisipul este rece. Soarele apune și bate o briză răcoroasă. Valurile se izbesc de țărm, iar în aer se simte mirosul de sare. Este o seară perfectă pentru a fi la plajă. Mă plimb de-a lungul țărmului, **ascultând** sunetul valurilor și privind apusul. Văd un grup de oameni care stau pe nisip, râzând și glumind. Se pare că se distrează de minune. Mă apropii de ei și îi întreb dacă pot să mă alătur lor. Ei spun da, și ne petrecem restul serii vorbind, râzând și privind **apusul de soare**. Este o seară perfectă. Eu și grupul vorbim până la apusul soarelui.

antwortet sie. "Es ist ein besonderer Ort.""Hast du
hier jemals jemand Besonderen getroffen?" frage ich.
"Ja", antwortet sie mit einem Lächeln. "Deinen Vater."
"Wirklich?" sage ich **erstaunt**. "Ja", sagt sie. "Wir waren
früher immer zusammen hier. Hier haben wir uns
verliebt. "Ich lächle und **stelle mir** meine Eltern **vor, wie
sie sich** an diesem schönen Strand verlieben. "Es ist
ein besonderer Ort", wiederholt sie. "Ich bin froh, dass
du heute hierher gekommen bist."

Wir sitzen noch eine Weile da und **beobachten** die
Wellen und den Sonnenuntergang. Dann stehen wir auf
und gehen zurück zu unseren Strandtüchern. Ich lege
mich hin und schaue mir die Sterne an. Ich fühle mich
so glücklich und zufrieden. Die Wellen sind jetzt lauter,
und der Sand ist kalt. Die Sonne geht unter und eine
kühle Brise weht. Die Wellen schlagen gegen das Ufer,
und der Geruch von Salz liegt in der Luft. Es ist ein
perfekter Abend, um am Strand zu sein. Ich spaziere
am Ufer entlang, **lausche dem** Rauschen der Wellen
und beobachte den Sonnenuntergang. Ich sehe eine
Gruppe von Leuten, die lachend und scherzend im
Sand sitzen. Sie sehen aus, als hätten sie eine tolle
Zeit. Ich gehe zu ihnen hin und frage, ob ich mich zu
ihnen setzen darf. Sie sagen ja, und wir verbringen den
Rest des Abends damit, uns zu unterhalten, zu lachen
und den **Sonnenuntergang** zu beobachten. Es ist ein
perfekter Abend. Die Gruppe und ich unterhalten uns,
bis die Sonne untergeht.

Întrebări de înțelegere

1. Unde se duce naratoarea după ce se trezește?

2. Ce admiră naratoarea în timp ce se plimbă pe plajă?

3. La ce trebuie să fie atentă naratoarea în timp ce se plimbă pe plajă?

4. Unde se așează naratorul pentru a se bucura de priveliște?

5. Cât timp stă naratorul acolo?

6. Pe cine vede naratoarea când deschide din nou ochii?

7. Ce spune mama naratorului?

8. Despre ce vorbesc naratoarea și oamenii pe care îi întâlnește?

Fragen zum Verständnis

1. Wohin geht die Erzählerin, nachdem sie aufgewacht ist?

2. Was bewundert die Erzählerin, während sie am Strand entlanggeht?

3. Worauf muss die Erzählerin aufpassen, wenn sie am Strand entlanggeht?

4. Wo setzt sich der Erzähler hin, um die Aussicht zu genießen?

5. Wie lange sitzt der Erzähler dort?

6. Wen sieht die Erzählerin, als sie ihre Augen wieder öffnet?

7. Was sagt die Mutter des Erzählers?

8. Worüber sprechen die Erzählerin und die Menschen, die sie trifft?

Camping la lac

Mă îndrept spre lac, **admirând** liniștea scenei. Soarele bate în jos pe micul lac, făcând ca apa să pară o foaie de sticlă. Singura mișcare este unda ocazională produsă de un pește care **sparge** suprafața. Chiar și păsările par să ia o pauză de la căldură, doar sunetul cicadelor umplând aerul. **Dintr-o dată,** liniștea este spartă de un izbit puternic. Un **pește** mare a sărit din apă, încercând să prindă o libelulă. Peștele își ratează ținta și cade înapoi în apă cu un strop. "Uau", mă gândesc în sinea mea, "ăsta a fost un pește mare!". M-am uitat în jur să văd dacă l-a mai văzut cineva, dar nu era nimeni prin preajmă. Cred că va trebui să le spun când mă întorc în tabără.

Căldura este **opresivă,** făcând dificilă respirația. Aerul este gros și greu, ca o pătură înfășurată în jurul tău. Singura ușurare este în apă. Este răcoroasă și revigorantă, ca o băutură rece într-o zi fierbinte. Respir adânc și mă scufund în apă. Ușurarea este imediată, în timp ce apa rece mă înconjoară. Înot până la fund și apoi mă întorc la suprafață, simțind cum apa îmi răcorește corpul. Continui să **înot** ture, bucurându-mă de răgazul de la căldură. După un timp, ies din apă și mă întind pe iarbă, lăsând soarele să-mi usuce corpul. Închid ochii și adorm, iar sunetul **cicadelor** mă adoarme

Camping am See

Ich gehe auf den See zu und **bewundere** die Ruhe, die hier herrscht. Die Sonne brennt auf den kleinen See und lässt das Wasser wie eine Glasscheibe aussehen. Die einzige Bewegung ist das gelegentliche Plätschern eines Fisches, der die Oberfläche durchbricht. Selbst die Vögel scheinen sich von der Hitze zu erholen, denn nur das Zirpen der Zikaden erfüllt die Luft. **Plötzlich wird** die Ruhe durch ein lautes Plätschern unterbrochen. Ein großer **Fisch ist aus dem** Wasser gesprungen und versucht, eine Libelle zu fangen. Der Fisch verfehlt sein Ziel und fällt mit einem Platschen zurück ins Wasser. "Wow", denke ich mir, "das war ein großer Fisch!". Ich schaue mich um, um zu sehen, ob ihn noch jemand gesehen hat, aber es ist niemand da. Ich werde es ihnen wohl erzählen müssen, wenn ich zum Camp zurückkehre.

Die Hitze ist **drückend** und macht das Atmen schwer. Die Luft ist dick und schwer, wie eine Decke, die einen einhüllt. Die einzige Erleichterung bietet das Wasser. Es ist kühl und erfrischend, wie ein kaltes Getränk an einem heißen Tag. Ich atme tief ein und tauche ins Wasser ein. Die Erleichterung tritt sofort ein, als mich das kühle Wasser umgibt. Ich schwimme auf den Grund und dann wieder an die Oberfläche und spüre, wie das

adânc. Las soarele să-mi coacă apa de pe piele. Simt cum mi se înroșește pielea, dar nu-mi pasă. Mi-e prea cald ca să-mi pese.Următorul lucru pe care îl știu este că soarele apune. Cerul este de un portocaliu frumos, cu dungi de roz și violet. Căldura a dispărut, fiind înlocuită de o **briză** răcoroasă.

Mă ridic și îmi pun hainele la loc, simțindu-mă revigorată și întinerită. **Inspir** adânc aerul rece și zâmbesc. Mă simt bine să fiu în viață. Mă întorc spre tabără, admirând felul în care culorile dansează pe cer. Văd focul de tabără arzând în depărtare și simt mirosul de fum în aer. Zâmbesc și îmi **accelerez** pasul. Sunt gata să mă relaxez și să mă bucur de restul serii. Intru în tabără și văd că toată lumea este adunată în jurul focului. **Râd** și glumesc, iar eu pot vedea focul reflectându-se în ochii lor. Zâmbesc și mă așez lângă prietenii mei. E bine să mă întorc. În dimineața următoare, mă trezesc devreme și încep să-mi împachetez lucrurile. Sunt nerăbdător să mă întorc pe traseu și să-mi continui călătoria. Îmi iau rămas bun de la prietenii mei și încep să plec.

Wasser meinen Körper kühlt. Ich **schwimme** weiter meine Runden und genieße die Abkühlung von der Hitze. Nach einer Weile steige ich aus dem Wasser und lege mich ins Gras, damit die Sonne meinen Körper trocknen kann. Ich schließe die Augen und schlafe ein. Das **Zirpen der Zikaden** wiegt mich in einen tiefen Schlaf. Ich lasse die Sonne das Wasser aus meiner Haut brennen. Ich spüre, wie meine Haut rot wird, aber es ist mir egal. Mir ist zu heiß, als dass es mir etwas ausmachen würde, und schon geht die Sonne unter. Der Himmel färbt sich orange mit rosa und violetten Reflexen. Die Hitze ist verschwunden und wird durch eine kühle **Brise** ersetzt.

Ich stehe auf und ziehe mich wieder an, fühle mich erfrischt und verjüngt. Ich **atme** tief die kühle Luft ein und lächle. Es ist ein gutes Gefühl, lebendig zu sein. Ich laufe zurück zum Campingplatz und bewundere, wie die Farben am Himmel tanzen. In der Ferne sehe ich das Lagerfeuer brennen und kann den Rauch in der Luft riechen. Ich lächle und **beschleunige** mein Tempo. Ich bin bereit, mich zu entspannen und den Rest des Abends zu genießen. Ich betrete den Lagerplatz und sehe, dass alle um das Feuer versammelt sind. Sie **lachen** und scherzen, und ich kann sehen, wie sich das Feuer in ihren Augen spiegelt. Ich lächle und setze mich neben meine Freunde. Es ist schön, wieder hier zu sein. Am nächsten Morgen wache ich früh auf und beginne, meine Sachen zu packen.

Întrebări de înțelegere

1. Unde se îndreaptă mersul?

2. Ce fel de vreme este?

3. Cum arată apa?

4. Cum reacționează mersul pe jos la căldură?

5. Ce face peștele?

6. De ce este plimbărețul singur?

7. Cum se simte apa?

8. Cum se simte mersul după înot?

9. La ce oră din zi este când se trezește mersul?

10. Unde se duce plimbărețul când părăsește tabăra?

Fragen zum Verständnis

1. Wohin geht der Wanderer?

2. Was für ein Wetter ist es?

3. Wie sieht das Wasser aus?

4. Wie reagiert der Wanderer auf die Hitze?

5. Was macht der Fisch?

6. Warum ist der Wanderer allein?

7. Wie fühlt sich das Wasser an?

8. Wie fühlt sich der Wanderer nach dem Schwimmen?

9. Zu welcher Tageszeit wacht der Wanderer auf?

10. Wohin geht der Wanderer, wenn er das Lager verlässt?

Casa

M-am mutat în noua mea casă săptămâna trecută și sunt atât de **încântată**! Este mult mai mare decât cea veche și are o curte mare. Abia aștept să-mi invit prietenii la grătare și la petreceri. Partea mea **preferată** este noul meu dormitor. Este atât de mare și luminos și am mult spațiu pentru a-mi pune toate lucrurile. Sunt foarte mulțumită de noua mea casă și cred că voi fi foarte fericită aici. Am decis să mai explorez puțin casa. Am urcat la etajul al doilea și am început să mă îndrept spre bucătărie, când am văzut un păianjen mare și negru pe perete! Am țipat și am fugit la parter. Eram atât de **speriată**! Dar, după câteva minute, m-am liniștit și am decis să mă întorc la etaj. M-am îndreptat încet spre bucătărie și am văzut că păianjenul dispăruse. Am fost atât de ușurată! M-am întors jos și am decis să ies afară pentru a explora **curtea din spate**. Era atât de mare! Nu-mi venea să cred. Am văzut un leagăn în colț și un tobogan. Am văzut, de asemenea, o plasă de baschet și o **trambulină**. Eram atât de încântată!

Abia aștept să folosesc toate aceste lucruri noi. **Vecinii** au venit și s-au prezentat. Păreau foarte drăguți și am stat de vorbă o vreme. M-au invitat la grătarul lor de weekendul viitor, iar eu am spus că mi-ar face plăcere să vin. Am avut o primă săptămână minunată în noua

Das Haus

Letzte Woche bin ich in mein neues Haus eingezogen, und ich bin so **aufgeregt**! Es ist viel größer als mein altes, und es hat einen großen Garten. Ich kann es kaum erwarten, Freunde zum Grillen und für Partys einzuladen. Mein Lieblingsteil ist mein neues Schlafzimmer. Es ist so groß und hell, und ich habe jede Menge Platz, um all meine Sachen unterzubringen. Ich bin wirklich glücklich mit meinem neuen Haus und denke, dass ich hier sehr glücklich sein werde. Ich beschloss, das Haus noch ein bisschen zu erkunden. Ich ging nach oben in den zweiten Stock und machte mich auf den Weg in die Küche, als ich eine große schwarze Spinne an der Wand sah! Ich schrie auf und rannte die Treppe hinunter. Ich war so **erschrocken**! Aber nach ein paar Minuten beruhigte ich mich und beschloss, wieder nach oben zu gehen. Langsam machte ich mich auf den Weg in die Küche und sah, dass die Spinne weg war. Ich war so erleichtert! Ich ging wieder nach unten und beschloss, nach draußen zu gehen, um den **Garten zu** erkunden. Sie war so groß! Ich konnte es nicht glauben. Ich sah eine Schaukel in der Ecke und eine Rutsche. Ich sah auch ein Basketballnetz und ein **Trampolin**. Ich war so aufgeregt!

Ich kann es kaum erwarten, all diese neuen Sachen

mea casă și sunt încântată de toate noile aventuri care mă așteaptă. Astăzi, voi merge din nou să explorez în curtea din spate și să văd ce mai pot găsi. Cine știe, poate voi găsi chiar și o **comoară**. Abia aștept să văd ce ne aduce săptămâna viitoare! Săptămâna următoare, am mers din nou să explorez în curtea din spate și am găsit o grădină **secretă.** Era atât de frumoasă! Erau flori peste tot și un mic iaz cu pești în el. Am văzut, de asemenea, un leagăn pe care nu-l mai văzusem până atunci. Am fost atât de încântată să găsesc această grădină secretă și abia aștept să o explorez mai mult. A fost atât de **frumoasă**!

Erau flori peste tot și un mic iaz cu pești în el. Am văzut, de asemenea, un **leagăn pe care** nu-l mai văzusem până atunci. Am fost atât de încântată să găsesc această grădină secretă și abia aștept să o explorez mai mult. Mi-a plăcut și noua mea cameră. Era atât de mare și luminoasă, iar pe pereți erau deja postere cu formațiile mele preferate.

zu benutzen. Die **Nachbarn** kamen vorbei und stellten sich vor. Sie schienen wirklich nett zu sein, und wir unterhielten uns eine Weile. Sie luden mich zu ihrem Grillfest am nächsten Wochenende ein, und ich sagte, dass ich gerne kommen würde. Ich hatte eine tolle erste Woche in meinem neuen Haus und freue mich auf all die neuen Abenteuer, die vor mir liegen. Heute werde ich wieder im Garten auf Entdeckungstour gehen und sehen, was ich noch alles finden kann. Wer weiß, vielleicht finde ich ja sogar einen **Schatz**. Ich kann es kaum erwarten, zu sehen, was die nächste Woche bringt! In der nächsten Woche bin ich wieder im Garten auf Entdeckungsreise gegangen und habe einen **geheimen** Garten gefunden. Er war so schön! Überall waren Blumen und ein kleiner Teich mit Fischen drin. Ich habe auch eine Schaukel gesehen, die ich vorher noch nie gesehen hatte. Ich war so aufgeregt, diesen geheimen Garten zu finden, und ich kann es kaum erwarten, ihn weiter zu erkunden. Er war so **schön**!

Überall gab es Blumen und einen kleinen Teich mit Fischen darin. Ich sah auch eine **Schaukel**, die ich vorher noch nicht gesehen hatte. Ich war so aufgeregt, diesen geheimen Garten zu finden, und ich kann es kaum erwarten, ihn weiter zu erkunden. Mein neues Zimmer hat mir auch gut gefallen. Es war so groß und hell, und an den Wänden hingen bereits Poster von meinen Lieblingsbands.

Întrebări de înțelegere

1. Unde locuiește persoana în cauză?

2. Cum se simte persoana în noua casă?

3. Care este partea preferată a persoanei în cauză din noua casă?

4. Ce a găsit această persoană în grădină?

5. Cine sunt vecinii?

6. Cum s-au simțit primele zile ale persoanei în noua casă?

7. Care este partea preferată a persoanei din noua cameră?

8. Ce plănuiește persoana să facă mâine?

9. Care a fost cea mai bună parte a primei săptămâni a persoanei în noua casă?

Fragen zum Verständnis

1. Wo wohnt die Person?

2. Wie gefällt es der Person im neuen Haus?

3. Was gefällt der Person am besten an ihrem neuen Haus?

4. Was hat die Person im Garten gefunden?

5. Wer sind die Nachbarn?

6. Wie hat sich die Person in den ersten Tagen in der neuen Wohnung gefühlt?

7. Was gefällt der Person am besten an ihrem neuen Zimmer?

8. Was plant die Person morgen zu tun?

9. Was war das Beste an der ersten Woche im neuen Haus?

În tren

Am fugit la gară, dar am ajuns prea târziu. Trenul plecase deja fără mine. M-am simțit atât de **furioasă** și **dezamăgită** de mine însămi. Plănuisem să iau trenul pentru a-mi vizita bunicii care locuiesc la țară, dar acum trebuia să aștept o oră întreagă până la următorul tren. În schimb, am decis să mă plimb puțin prin oraș și am încercat să uit de ocazia ratată. În timp ce mă plimbam, am început să **visez cu ochii deschiși** la toate locurile în care te pot duce **trenurile.** Dintr-o dată, nu am mai fost atât de supărat. Mă întorc în gară și nu mă pot abține să nu observ locomotiva mare, roșie, albă și albastră care se îndrepta spre mine. Abia când îl văd pe **conductor** făcându-mi cu mâna de la fereastră, îmi dau seama că acest tren este pentru mine. Mă urc în tren și îmi găsesc un loc, așezându-mă pentru ceea ce se anunță a fi o călătorie lungă.

În timp ce ieșim din gară, nu pot să nu mă întreb unde mă va duce acest tren. Prin **câmpuri** verzi și peste râuri albastre, pe lângă munți și văi, nu se știe unde va ajunge acest tren vechi. Pe măsură ce noaptea începe să cadă, mă las purtat de un somn **liniștit**, legănat de mișcarea **ritmică** a vagoanelor pe șinele de jos. Când vine din nou dimineața, deschid ochii și descopăr că am ajuns într-un orășel undeva în mijlocul pustietății.

Im Zug

Ich rannte zum Bahnhof, aber ich war zu spät. Der Zug war bereits ohne mich abgefahren. Ich war so **wütend** und **enttäuscht** von mir selbst. Ich hatte geplant, mit dem Zug meine Großeltern zu besuchen, die auf dem Land leben, aber jetzt würde ich eine ganze Stunde auf den nächsten Zug warten müssen. Ich beschloss, stattdessen eine Weile durch die Stadt zu laufen und versuchte, die verpasste Gelegenheit zu vergessen. Beim Spazierengehen begann ich von all den Orten zu **träumen, an die man mit dem Zug** gelangen kann. Plötzlich war ich nicht mehr so verärgert. Ich gehe zurück in den Bahnhof und kann nicht umhin, die große rot-weiß-blaue Lokomotive zu bemerken, die auf mich zu tuckert. Erst als ich den **Schaffner** sehe, der mir aus dem Fenster zuwinkt, wird mir klar, dass dieser Zug für mich bestimmt ist. Ich steige ein, suche mir einen Sitzplatz und mache mich auf eine lange Reise gefasst.

Als wir aus dem Bahnhof fahren, frage ich mich, wohin dieser Zug mich wohl bringen wird. Durch grüne **Felder** und über blaue Flüsse, vorbei an Bergen und Tälern - man weiß nie, wohin dieser alte Zug fahren wird. Als die Nacht hereinbricht, falle ich in einen **friedlichen** Schlaf, der von der **rhythmischen** Bewegung der Waggons auf den Gleisen unter mir eingelullt wird. Als

Soarele abia se întrezărește la orizont în timp ce localnicii încep să se agite pe strada principală; arată ca orice altă zi aici, cu excepția unui singur lucru - lângă primărie este afișat un panou mare pe care scrie "Bine ați venit la bord!". Se pare că acest orășel ne aștepta, chiar dacă suntem doar un tren de **pasageri** obișnuit care trece pe aici în drum spre altă parte. În timp ce lăsăm din nou orașul în urma noastră, mergând cu viteză spre cine știe ce destinație viitoare, zâmbesc la toate fețele prietenoase care ne fac cu mâna din acele căsuțe cuibărite printre **terenuri agricole -** este cu adevărat uimitor cum ceva atât de aparent obișnuit poate aduce atât de multă bucurie prin simpla noastră trecere. Și apoi, bineînțeles, mai sunt și **copiii.**

Mă aplec pe fereastra locomotivei mele. Întotdeauna mă fac să mă simt atât de fericit cu ochii lor strălucitori și cu zâmbetele lor mari. Le-am făcut cu mâna energic înainte de a mă întoarce în **cabina** mea și de a lua loc. A fost deja o zi lungă, dar încă nu s-a terminat; mai sunt câteva ore până când vom ajunge la **destinația** noastră finală. Îmi scot cartea și încep să citesc, lăsând legănarea ritmică a trenului să mă adoarmă într-o stare de liniște.

ich am nächsten Morgen die Augen öffne, sehe ich,
dass wir in einer kleinen Stadt irgendwo im Nirgendwo
angekommen sind. Die Sonne lugt gerade über den
Horizont, als die Einheimischen beginnen, sich auf
der Hauptstraße zu bewegen. Es sieht aus wie jeder
andere Tag hier, bis auf eine Ausnahme: In der Nähe
des Rathauses steht ein großes Schild mit der Aufschrift
"Willkommen an Bord! Es scheint, als hätte diese kleine
Stadt uns erwartet, obwohl wir nur ein gewöhnlicher
Personenzug sind, der auf dem Weg zu einem anderen
Ziel durchfährt. Als wir die Stadt wieder hinter uns
lassen und in Richtung wer weiß wohin tuckern, lächle
ich über all die freundlichen Gesichter, die uns aus
den kleinen Häusern zwischen den **Feldern** zuwinken
- es ist wirklich erstaunlich, wie etwas so scheinbar
Alltägliches so viel Freude bereiten kann, wenn man
einfach durchfährt. Und dann sind da natürlich noch die
Kinder.

Ich lehne mich aus dem Fenster meiner Lokomotive.
Mit ihren leuchtenden Augen und ihrem breiten Grinsen
machen sie mich immer so glücklich. Ich winke ihnen
energisch zu, bevor ich in mein **Abteil** zurückkehre
und mich setze. Es war schon ein langer Tag, aber er
ist noch nicht zu Ende; es sind noch ein paar Stunden,
bis wir unser endgültiges **Ziel** erreichen. Ich ziehe mein
Buch heraus und beginne zu lesen, während mich das
rhythmische Schaukeln des Zuges in einen friedlichen
Zustand versetzt.

Întrebări de înțelegere

1. Unde se îndreaptă trenul?

2. Cine călătorește în tren?

3. Când pleacă trenul?

4. Cum ajunge protagonistul în tren?

5. De unde vine trenul?

6. Unde merge trenul în continuare?

7. Când au sosit pasagerii?

8. Cum se simte protagonistul când pierde trenul?

9. Cum reacționează mecanicul de tren când îl vede pe protagonist?

Fragen zum Verständnis

1. Wohin fährt der Zug?

2. Wer reist mit dem Zug?

3. Wann fährt der Zug ab?

4. Wie kommt der Protagonist in den Zug?

5. Woher kommt der Zug?

6. Wohin fährt der Zug als nächstes?

7. Wann sind die Passagiere angekommen?

8. Wie fühlt sich der Protagonist, als er den Zug verpasst?

9. Wie reagiert der Zugführer, als er den Protagonisten sieht?

Gătitul cinei

Este ora 17.00 și mă întorc acasă de la serviciu. Aștept cu **nerăbdare** să am o seară liniștită acasă cu partenerul meu. Vom găti cina împreună și apoi ne vom relaxa pentru restul nopții. Mă simt bine să știu că nu am planuri sau obligații în această **seară**. Ajung acasă și partenerul meu este deja în bucătărie, începând să pregătească cina noastră. Miroase **extraordinar** aici! Stăm de vorbă în timp ce gătim, punându-ne la curent cu zilele celuilalt și împărtășind mici povești din viața noastră profesională. Bucătăria este camera mea preferată din apartamentul nostru. Îmi place să gătesc și, mai ales, îmi place să gătesc cu partenerul meu. Întotdeauna ne simțim atât de bine aici, râzând și glumind în timp ce gătim ca o furtună. În plus, mâncarea este întotdeauna **incredibilă atunci când** lucrăm **împreună**.

În această seară, pregătim una dintre rețetele mele preferate din toate timpurile: **pui cu** parmezan. Partenerul meu începe prin a împăna puiul, în timp ce eu pun sosul la fiert pe **aragaz**. Lucrăm împreună ca o mașină bine unsă și, în scurt timp, cina este gata de servit. Ne așezăm la mica noastră masă din bucătărie cu **farfurii** pline cu pui parmezan, paste și salată. Ciocnim paharele și luăm prima îmbucătură - și

Abendessen kochen

Es ist jetzt 17 Uhr und ich gehe von der Arbeit nach Hause. Ich freue **mich** auf einen ruhigen Abend zu Hause mit meinem Partner. Wir werden gemeinsam kochen und uns dann den Rest des Abends entspannen. Es ist ein gutes Gefühl, zu wissen, dass ich heute **Abend** keine Pläne oder Verpflichtungen habe. Als ich zu Hause ankomme, steht mein Partner bereits in der Küche und beginnt mit der Zubereitung unseres Abendessens. Es riecht **fantastisch** hier drin! Während wir kochen, plaudern wir über den Tag des anderen und erzählen uns kleine Geschichten aus unserem Arbeitsleben. Die Küche ist mein Lieblingsraum in unserer Wohnung. Ich liebe es zu kochen, und ganz besonders liebe ich es, mit meinem Partner zu kochen. Wir haben immer so viel Spaß hier drin, lachen und scherzen, während wir kochen. Außerdem ist das Essen immer **unglaublich**, wenn wir **zusammen** arbeiten.

Heute Abend machen wir eines meiner absoluten Lieblingsrezepte: **Hähnchen** Parmesan. Mein Partner beginnt mit dem Panieren des Hähnchens, während ich die Soße auf dem **Herd** zum Kochen bringe. Wir arbeiten zusammen wie eine gut geölte Maschine, und schon bald ist das Abendessen servierfertig. Wir

este **divin**! Puiul este crocant la exterior, dar suculent în interior; sosul este savuros și perfect; pastele sunt gătite al dente... totul are un gust absolut perfect în seara asta. Amândoi știm că aceasta a fost una dintre acele nopți în care totul s-a potrivit perfect, în timp ce **savurăm** până la ultima îmbucătură din delicioasa noastră masă. A avut un gust chiar mai bun decât mirosea - ceea ce a fost al naibii de bun! Ne terminăm masa relativ repede, deoarece niciunul dintre noi nu este deosebit de înfometat astăzi, dar nu ne grăbim să savurăm încă câteva **pahare de** vin în timp ce discutăm ușor despre asta și despre celălalt subiect. După cină, facem curățenie rapid împreună și apoi ne mutăm în sufragerie, unde ne petrecem ceva timp **îmbrățișându-ne** pe canapea în timp ce ne uităm la televizor.

Este atât de plăcut să fim aproape unul de celălalt după o zi lungă de **lucru**. Mă simt mulțumită. Chiar dacă nu am avut o seară plină de evenimente, a fost plăcut să petrecem puțin timp împreună fără să fim nevoiți să ieșim din casă. Ne-am uitat la un film și ne-am culcat devreme, simțindu-ne **mulțumiți** de noaptea noastră simplă.

setzen uns an unseren kleinen Küchentisch mit **Tellern voller** Hähnchen Parmesan, Nudeln und Salat. Wir stoßen mit den Gläsern an und nehmen unseren ersten Bissen - und der ist **himmlisch**! Das Hähnchen ist außen knusprig, aber innen saftig; die Soße ist würzig und perfekt; die Nudeln sind al dente gekocht... alles schmeckt heute Abend absolut perfekt. Wir wissen beide, dass dies einer dieser Abende war, an denen alles perfekt zusammenpasst, und wir **genießen** jeden einzelnen Bissen unseres köstlichen Essens. Es hat sogar noch besser geschmeckt, als es gerochen hat - und das war verdammt gut! Wir sind relativ schnell fertig mit dem Essen, da keiner von uns heute besonders hungrig ist, aber wir lassen uns Zeit und genießen noch ein paar **Gläser** Wein, während wir uns über dieses und jenes Thema unterhalten. Nach dem Essen räumen wir schnell zusammen auf und gehen dann ins Wohnzimmer, wo wir noch eine Weile auf der Couch **kuscheln** und fernsehen.

Es ist so schön, sich nach einem langen **Arbeitstag** einfach nur nahe zu sein. Ich fühle mich zufrieden. Auch wenn wir keinen ereignisreichen Abend hatten, war es schön, einfach etwas Zeit miteinander zu verbringen, ohne das Haus verlassen zu müssen. Wir haben uns einen Film angesehen und sind früh ins Bett gegangen, weil wir mit unserem einfachen Abend **zufrieden waren**.

Întrebări de înțelegere

1. De unde vine naratorul?

2. Ce face naratorul după serviciu?

3. Ce mănâncă naratorul la cină?

4. De ce îi place naratorului bucătăria?

5. Ce fel de mâncare gătește cuplul?

6. Cum se simte naratorul la sfârșitul serii?

7. Care este lucrul preferat al cuplului pentru a face?

8. Ce face cuplul atunci când obosește?

9. Unde dorm ei?

10. De ce îi place naratorului să stea acasă?

Fragen zum Verständnis

1. Woher kommt der Erzähler?

2. Was macht der Erzähler nach der Arbeit?

3. Was isst der Erzähler zum Abendessen?

4. Warum mag der Erzähler die Küche?

5. Was für ein Gericht kocht das Paar?

6. Wie fühlt sich der Erzähler am Ende des Abends?

7. Was ist die Lieblingsbeschäftigung des Paares?

8. Was tun die beiden, wenn sie müde werden?

9. Wo schlafen sie?

10. Warum bleibt der Erzähler gerne zu Hause?

Mergând acasă

Era o noapte **liniștită în** timp ce mă întorceam acasă de la serviciu. În timp ce mergeam, nu m-am putut abține să nu zâmbesc la amintiri. Mă simțeam bine să mă întorc în vechiul meu cartier. Am salutat câteva persoane pe care le cunoșteam, iar ele mi-au răspuns cu mâna. Era bine să fiu acasă. Am trecut pe lângă vechea mea școală și mi-am **amintit de** toate momentele frumoase pe care le-am petrecut cu prietenii mei. Întotdeauna mergeam acasă împreună și vorbeam despre ziua noastră. **Uneori ne** opream să luăm înghețată sau mergeam în parc. Acelea erau cele mai frumoase momente. Mi-e dor de acele vremuri. Dar acum am propria mea familie și sunt fericită cu viața mea. Mă bucur că pot să mă uit înapoi la acele amintiri și să zâmbesc. Sunt o parte din viața mea pe care o voi prețui mereu. Acelea au fost cele mai frumoase vremuri. Îmi lipsesc acele vremuri. Dar acum am propria mea familie și sunt fericită cu viața mea. Mă bucur că pot să mă uit înapoi la acele **amintiri** și să zâmbesc. Sunt o parte din viața mea pe care o voi prețui mereu.

Continui să merg, gândindu-mă la momentele frumoase pe care le-am petrecut cu prietenii mei. Știu că îi voi revedea în curând. Mă îndrept spre casa mea și decid să mă plimb printr-un parc din apropiere. Soarele

Nach Hause gehen

Es war eine **friedliche** Nacht, als ich von der Arbeit nach Hause ging. Als ich ging, konnte ich nicht anders, als über die Erinnerungen zu lächeln. Es fühlte sich gut an, wieder in meiner alten Nachbarschaft zu sein. Ich winkte ein paar Leuten zu, die ich kannte, und sie winkten zurück. Es war schön, wieder zu Hause zu sein. Ich ging an meiner alten Schule vorbei und **erinnerte mich an** all die schönen Zeiten, die ich mit meinen Freunden hatte. Wir gingen immer zusammen nach Hause und sprachen über unseren Tag. **Manchmal hielten** wir an, um ein Eis zu essen oder in den Park zu gehen. Das waren die besten Zeiten. Ich vermisse diese Zeiten. Aber jetzt habe ich meine eigene Familie und bin glücklich mit meinem Leben. Ich bin froh, dass ich auf diese Erinnerungen zurückblicken und lächeln kann. Sie sind ein Teil meines Lebens, den ich immer in Ehren halten werde. Das waren die besten Zeiten. Ich vermisse diese Zeiten. Aber jetzt habe ich meine eigene Familie und bin glücklich mit meinem Leben. Ich bin froh, dass ich auf diese **Erinnerungen** zurückblicken und lächeln kann. Sie sind ein Teil meines Lebens, den ich immer in Ehren halten werde.

Ich gehe weiter und denke an die schöne Zeit, die ich mit meinen Freunden hatte. Ich weiß, dass ich sie bald

apune, iar cerul capătă o **frumoasă** culoare portocalie. Parcul este pustiu, cu excepția câtorva păsări care ciripesc în copaci. **Respir** adânc și zâmbesc. În timp ce mă plimb prin parc, văd o stea căzătoare care străbate cerul. Mi-am pus o dorință pentru acea stea și am continuat să merg. Mă gândesc la ziua mea de la serviciu și la cât de **liniștită** a fost. Zâmbesc în sinea mea, gândindu-mă la cât de norocoasă sunt că am o slujbă atât de bună. Merg spre casă, **simțind** aerul rece al nopții pe pielea mea. Mă simt atât de vie și fericită, bucurându-mă doar de simplul act de a merge acasă într-o noapte liniștită. M-am simțit atât de bine, încât am început să **fluier**. Am trecut pe lângă câțiva oameni pe stradă, dar toți își vedeau de treaba lor.

Am cotit colțul străzii mele și am văzut pisica vecinului meu, domnul Mustăcios, stând pe verandă. L-am salutat, iar el mi-a răspuns cu un mieunat. Am **descuiat** ușa și am intrat înăuntru. Eram atât de fericită că eram acasă. M-am descălțat și m-am pregătit de culcare. M-am dus la culcare în acea noapte, fericită și recunoscătoare, cu inima plină de dragoste. Am dormit liniștită toată noaptea, fără să-mi fac griji pentru nimic.

wiedersehen werde. Ich mache mich auf den Weg nach Hause und beschließe, durch einen nahe gelegenen Park zu gehen. Die Sonne geht gerade unter und der Himmel färbt sich in ein **schönes** Orange. Der Park ist leer, bis auf ein paar Vögel, die in den Bäumen zwitschern. Ich **atme** tief ein und lächle. Als ich durch den Park gehe, sehe ich eine Sternschnuppe über den Himmel huschen. Ich wünsche mir etwas von dieser Sternschnuppe und laufe weiter. Ich denke an meinen Arbeitstag und daran, wie **friedlich** er war. Ich lächle vor mich hin und denke daran, wie viel Glück ich habe, einen so tollen Job zu haben. Ich gehe nach Hause und **spüre** die kühle Nachtluft auf meiner Haut. Ich fühle mich so lebendig und glücklich, weil ich es einfach genieße, in einer friedlichen Nacht nach Hause zu gehen. Ich fühlte mich so gut, dass ich anfing zu **pfeifen**. Ich ging an ein paar Leuten auf der Straße vorbei, aber sie kümmerten sich alle um ihre eigenen Angelegenheiten.

Ich bog um die Ecke in meine Straße und sah die Katze meines Nachbarn, Mr. Whiskers, auf meiner Veranda sitzen. Ich grüßte ihn, und er miaute zurück. Ich **schloss** meine Tür auf und ging hinein. Ich war so froh, zu Hause zu sein. Ich zog meine Schuhe aus und machte mich bettfertig. Ich ging an diesem Abend mit einem Gefühl der Freude und Dankbarkeit ins Bett, mein Herz war voller Liebe. Ich schlief die ganze Nacht durch und machte mir keine Sorgen.

Întrebări de înțelegere

1. Ce făcea protagonistul când a început povestea?

2. La ce se gândea protagonistul când mergea spre casă?

3. Ce obișnuia protagonistul să facă cu prietenii după școală?

4. Ce îi lipsește protagonistului din acele vremuri?

5. Ce crede protagonistul despre viața sa actuală?

6. Ce face protagonistul atunci când vede o stea căzătoare?

7. Cum se simte protagonistul atunci când se îndreaptă spre casă?

8. Ce face protagonistul când ajunge acasă?

Fragen zum Verständnis

1. Was machte der Protagonist, als die Geschichte begann?

2. Woran hat der Protagonist auf dem Heimweg gedacht?

3. Was hat der Protagonist nach der Schule mit seinen Freunden gemacht?

4. Was vermisst der Protagonist aus dieser Zeit?

5. Was denkt der Protagonist über sein derzeitiges Leben?

6. Was tut der Protagonist, wenn er eine Sternschnuppe sieht?

7. Wie fühlt sich der Protagonist, wenn er nach Hause geht?

8. Was macht der Protagonist, wenn er nach Hause kommt?

Castelul

Familia își dorise dintotdeauna să viziteze un castel vechi din **Germania și, în cele din** urmă, au făcut această călătorie. Nu au fost **dezamăgiți**. Castelul era frumos, iar ei s-au bucurat să îi exploreze numeroasele camere și coridoare. Primul lucru care i-a lovit a fost mirosul. Au găsit **mucegai**, umezeală și altceva pe care nu au putut pune degetul pe el. Al doilea lucru a fost sunetul. Pereții de piatră sunt groși, dar nu amortizează complet sunetul. Au auzit fiecare pas, fiecare cuvânt rostit cu voce normală și, ocazional, picuratul apei **undeva** în depărtare. Pe măsură ce ochii li s-au adaptat la lumina slabă, au văzut ziduri masive de piatră care se profilează în jurul lor, tapiserii atârnând de ele în zdrențe. Se aflau într-o sală imensă, cu un tavan înalt susținut de stâlpi sculptați. De asemenea, le-a plăcut priveliștea de la turnulețe, iar copiii s-au distrat de minune alergând pe teren. **Soarele** începuse să apună în momentul în care au terminat de explorat castelul și au regretat că nu au adus o **lanternă**. S-au hotărât să se întoarcă la intrare, dar s-au rătăcit curând. Au rătăcit ceea ce li s-a părut a fi ore întregi, până când, în cele din urmă, au dat peste o ușă care ducea afară. Au continuat până când au **ajuns la** capătul holului și au ajuns la un set impunător de uși duble. Oricât au încercat, ușile nu se mișcau. Zăngăneau **amenințător,**

Das Schloss

Die Familie wollte schon immer ein altes Schloss in **Deutschland** besichtigen, und schließlich machten sie sich auf den Weg. Sie wurden nicht **enttäuscht**. Das Schloss war wunderschön, und sie genossen es, die vielen Räume und Gänge zu erkunden. Das erste, was ihnen auffiel, war der Geruch. Sie fanden **Schimmel**, Feuchtigkeit und etwas anderes, das sie nicht genau zuordnen konnten. Das zweite war der Klang. Steinmauern sind zwar dick, aber sie dämpfen den Schall nicht vollständig. Sie hörten jeden Schritt, jedes Wort, das mit normaler Stimme gesprochen wurde, und das gelegentliche Tröpfeln von Wasser **irgendwo** in der Ferne. Als sich ihre Augen an das schwache Licht gewöhnt hatten, sahen sie um sich herum massive Steinwände, an denen Wandteppiche in **Fetzen** hingen. Sie befanden sich in einer riesigen Halle mit einer hohen Decke, die von geschnitzten Säulen getragen wurde. Auch die Aussicht von den Türmen gefiel ihnen, und die Kinder hatten viel Spaß beim Herumtollen auf dem Gelände. Als sie mit der Erkundung des Schlosses fertig waren, ging die **Sonne** bereits unter, und sie bedauerten, dass sie keine **Taschenlampe** mitgenommen hatten. Sie beschlossen, sich auf den Rückweg zum Eingang zu machen, aber sie hatten sich bald verlaufen. Sie irrten gefühlte Stunden umher,

dar nu se mișcau nici măcar un centimetru. Se părea că cel care fusese aici înainte trebuie să fi trecut pe aici și să le fi încuiat din interior. În cele din urmă, găsiră o cale de ieșire. Ușurarea îi cuprinse în timp ce ieșeau în aerul răcoros al nopții.

Soarele începuse să apună, iar ei au **regretat** că nu și-au adus o lanternă. S-au hotărât să se întoarcă la intrare, dar s-au rătăcit repede. Au rătăcit ceea ce li s-a părut a fi ore întregi, până când, în cele din urmă, au dat peste o ușă care ducea **afară**. S-au simțit ușurați când au ieșit în aerul răcoros al nopții. În seara următoare, au avut grijă să ia o lanternă cu ei în timp ce explorau restul castelului. Au mers prin **curte** și au coborât până la râul care curgea în spatele zidurilor **castelului.** În timp ce se plimbau, au început să audă zgomote ciudate. Părea că cineva îi urmărea. Și-au accelerat pasul, dar zgomotele deveneau mai puternice și mai apropiate. Familia a fugit înapoi la castel cât de repede a putut și au fost ușurați să vadă că personajul cu mantie **întunecată** nu i-a urmărit.

bis sie schließlich auf eine Tür stießen, die nach draußen führte. Sie gingen weiter, bis sie das Ende des Flurs **erreichten** und vor einer imposanten Doppeltür standen. So sehr sie sich auch bemühten, die Türen rührten sich nicht. Sie klapperten **bedrohlich**, aber sie bewegten sich keinen Zentimeter. Es sah so aus, als ob derjenige, der vorher hier war, hier durchgegangen sein musste und sie von innen verriegelt hatte. Schließlich fanden sie einen Weg nach draußen. Erleichterung überkam sie, als sie in die kühle Nachtluft hinaustraten.

Die Sonne begann unterzugehen, und sie **bedauerten,** dass sie keine Taschenlampe mitgenommen hatten. Sie beschlossen, sich auf den Weg zurück zum Eingang zu machen, aber sie hatten sich bald verlaufen. Sie irrten gefühlte Stunden umher, bis sie schließlich auf eine Tür stießen, die **nach draußen** führte. Erleichterung machte sich in ihnen breit, als sie in die kühle Nachtluft hinaustraten. Am nächsten Abend nahmen sie auf jeden Fall eine Taschenlampe mit, um den Rest des Schlosses zu erkunden. Sie gingen durch den **Innenhof** und hinunter zum Fluss, der hinter den Schlossmauern verlief. Als sie umhergingen, hörten sie seltsame Geräusche. Es hörte sich an, als würde sie jemand verfolgen. Sie beschleunigten ihren Schritt, aber die Geräusche wurden lauter und kamen näher. Die Familie rannte so schnell sie konnte zum Schloss zurück und war erleichtert, dass die Gestalt in dem **dunklen** Mantel ihnen nicht gefolgt war.

Întrebări de înțelegere

1. Ce a făcut familia când s-a pierdut în castel?

2. Ce a simțit familia când a aflat că era vorba doar de un localnic?

3. Ce a făcut bărbatul de a fost arestat?

4. Care a fost sentința pentru acest om?

5. Ce zgomot a auzit familia în timp ce se plimba?

6. Unde se afla personajul în mantie întunecată când l-a văzut familia?

7. Ce a făcut familia când s-a întors în camera lor?

8. Când a mers familia să exploreze din nou castelul?

9. Care era lucrul pe care familia nu-l putea identifica?

Fragen zum Verständnis

1. Was hat die Familie getan, als sie sich im Schloss verlaufen hat?

2. Wie hat sich die Familie gefühlt, als sie erfuhr, dass es sich nur um einen Einheimischen handelte?

3. Was hat der Mann getan, dass man ihn verhaftet hat?

4. Wie lautete das Urteil für den Mann?

5. Welches Geräusch hat die Familie gehört, während sie spazieren ging?

6. Wo war die Gestalt in dem dunklen Mantel, als die Familie sie sah?

7. Was hat die Familie getan, als sie in ihr Zimmer zurückkam?

8. Wann hat die Familie das Schloss wieder erkundet?

9. Was war das, was die Familie nicht ausmachen konnte?

Grădina mea

Grădina mea este locul meu fericit. Mă duc acolo în fiecare zi, fie că plouă, fie că e soare, și îmi petrec timpul îngrijindu-mi plantele. Am câte puțin din **toate** - **legume**, fructe, flori, ierburi aromatice. Am chiar și câteva găini care mă ajută să țin la distanță dăunătorii. Îmi încep zilele în grădină culegând ouă de la găini. Apoi îmi verific legumele, asigurându-mă că primesc suficientă apă și soare. Curăț paturile de buruieni și culeg orice gândac care ar putea **ataca** plantele. După ce **totul** este rezolvat, mă așez și mă bucur de pacea și liniștea naturii.

Întotdeauna mi-a plăcut să-mi petrec timpul în grădină. Este ceva în a fi înconjurat de natură și de toată **frumusețea pe care o** oferă. Consider că este un loc foarte liniștit și liniștitor. Deseori îmi petrec timp în grădina mea doar relaxându-mă și bucurându-mă de peisaj. De asemenea, îmi place să lucrez în grădină și să cultiv lucruri. Am o grădină destul de mare și îmi place să cultiv o varietate de lucruri **diferite** în ea. Cultiv flori, **legume** și ierburi aromatice. De asemenea, am câțiva pomi fructiferi care produc mere, pere și prune delicioase. Pe lângă cultivarea de plante, îmi place să petrec timpul plimbându-mă prin grădină, **admirând** diferitele plante și animale care o locuiesc. Am petrecut

Mein Garten

Mein Garten ist mein Lieblingsplatz. Ich gehe jeden Tag hinaus, egal ob es regnet oder scheint, und verbringe Zeit damit, meine Pflanzen zu pflegen. Ich habe von **allem ein** bisschen - **Gemüse**, Obst, Blumen, Kräuter. Ich habe sogar ein paar Hühner, die mir helfen, die Schädlinge in Schach zu halten. Ich beginne meine Tage im Garten, indem ich den Hühnern Eier abhole. Dann schaue ich nach meinem Gemüse und stelle sicher, dass es genug Wasser und Sonne bekommt. Ich jäte Unkraut auf den Beeten und entferne Ungeziefer, das die Pflanzen **angreifen** könnte. Wenn **alles erledigt** ist, lehne ich mich zurück und genieße den Frieden und die Ruhe der Natur.

Ich habe schon immer gerne Zeit in meinem Garten verbracht. Es hat etwas, von der Natur und all der **Schönheit**, die sie zu bieten hat, umgeben zu sein. Ich empfinde ihn als einen sehr friedlichen und beruhigenden Ort. Ich verbringe oft Zeit in meinem Garten, um mich zu entspannen und die Landschaft zu genießen. Ich arbeite auch gerne in meinem Garten und baue Dinge an. Ich habe einen ziemlich großen Garten, in dem ich gerne **verschiedene** Dinge anbaue. Ich baue Blumen, **Gemüse** und Kräuter an. Ich habe auch ein paar Obstbäume, die leckere Äpfel, Birnen

multe ore de-a lungul anilor lucrând la transformarea **grădinii** mele într-un loc care să fie nu doar frumos, ci și funcțional. Îmi place să privesc păsările cum zburdă și să le ascult cum cântă. Uneori chiar scot o carte și citesc în grădină, înconjurată de toată frumusețea pe care am creat-o. **Grădinăritul** este pasiunea mea și îmi aduce atât de multă bucurie. Fiecare zi în grădina mea este o zi bună.

Unul dintre lucrurile pe care îmi place să le fac este să gătesc, așa că este foarte **important pentru** mine să am o grădină de plante aromatice bine aprovizionată. Cimbrul, busuiocul, oregano, rozmarinul, salvia și lavanda sunt doar câteva dintre plantele aromatice pe care îmi place să le cultiv în grădină, astfel încât să le pot folosi atunci când gătesc pentru mine sau pentru **oaspeți.** Un alt lucru care este important pentru mine când vine vorba de grădina mea este să mă asigur că există multă culoare în toată grădina. Pentru a atinge acest obiectiv, cultiv o mare varietate de flori, inclusiv **trandafiri,** crini, margarete, lalele, impatiens, gălbenele etc. Pe lângă adăugarea de culoare cu ajutorul florilor, îmi place să adaug interes prin utilizarea diferitelor **texturi în** întreaga grădină.

und Pflaumen hervorbringen. Ich baue nicht nur Dinge an, sondern verbringe auch gerne Zeit damit, durch meinen Garten zu spazieren und all die verschiedenen Pflanzen und Tiere zu **bewundern**, die dort zu Hause sind. Im Laufe der Jahre habe ich viele Stunden damit verbracht, meinen **Garten** zu einem Ort zu machen, der nicht nur schön, sondern auch funktional ist. Ich liebe es, den Vögeln beim Herumfliegen zuzusehen und ihnen beim Singen zuzuhören. Manchmal nehme ich sogar ein Buch mit und lese im Garten, während ich von all der Schönheit umgeben bin, die ich geschaffen habe. **Gartenarbeit** ist meine Leidenschaft und bringt mir so viel Freude. Jeder Tag in meinem Garten ist ein guter Tag.

Eine meiner Lieblingsbeschäftigungen ist das Kochen, daher ist ein gut bestückter Kräutergarten für mich sehr **wichtig**. Thymian, Basilikum, Oregano, Rosmarin, Salbei und Lavendel sind nur einige der Kräuter, die ich gerne in meinem Garten anbaue, damit ich sie beim Kochen für mich oder für **Gäste** verwenden kann. Ein weiterer wichtiger Punkt in meinem Garten ist, dass er viel Farbe hat. Um dieses Ziel zu erreichen, baue ich eine Vielzahl von Blumen an, darunter **Rosen**, Lilien, Gänseblümchen, Tulpen, Impatiens, Ringelblumen, usw. Zusätzlich zu den Blumen, die für Farbe sorgen, verwende ich auch gerne verschiedene **Texturen** im Garten, um ihn interessanter zu gestalten.

Întrebări de înțelegere

1. Unde se află grădina autorului?

2. Câte găini are autorul?

3. Ce face autorul în grădină în fiecare zi?

4. De ce îi place autorului grădina?

5. Ce plante aromatice plantează autorul în grădină?

6. De ce este important pentru autor faptul că în grădina sa există multe culori?

7. Cum aduce autorul varietate în grădina sa?

8. Cum se simte autorul când lucrează în grădina sa?

9. Ce îl face pe autor să se simtă conectat atunci când se află în grădina sa?

Fragen zum Verständnis

1. Wo befindet sich der Garten des Autors?

2. Wie viele Hühner hat der Autor?

3. Was macht der Autor jeden Tag im Garten?

4. Warum gefällt dem Autor der Garten?

5. Welche Kräuter pflanzt der Autor in seinem Garten an?

6. Warum ist es für den Autor wichtig, dass es in seinem Garten viele Farben gibt?

7. Wie bringt der Autor Abwechslung in seinen Garten?

8. Wie fühlt sich der Autor, wenn er in seinem Garten arbeitet?

9. Wodurch fühlt sich der Autor verbunden, wenn er in seinem Garten ist?

Mergând la cumpărături

Îmi place să merg la **cumpărături** în mall. Este întotdeauna atât de distractiv să te plimbi și să te uiți la toate magazinele diferite. Există câte ceva pentru toată lumea în mall și este întotdeauna un loc minunat pentru a găsi oferte la haine, pantofi și accesorii. De **obicei**, îmi încep excursia de cumpărături mergând prin **intrarea** principală a mall-ului. De acolo, mă îndrept mai întâi spre magazinele mele preferate. După ce mă uit prin acele magazine, mă plimb și văd dacă sunt reduceri în alte locuri. De obicei, sfârșesc prin a petrece câteva ore în mall înainte de a-mi face în cele din urmă cumpărăturile. Întotdeauna îmi place să nu mă grăbesc atunci când fac cumpărături, **deoarece** vreau să mă asigur că iau **exact** ceea ce îmi doresc. În plus, e mai distractiv așa!

Întotdeauna mi se pare atât de **fascinant** să privesc oamenii în timp ce sunt la mall. Poți spune multe despre o persoană după felul în care își face cumpărăturile. Unii oameni sunt foarte metodici și nu se grăbesc, în timp ce alții par să ia **tot ce** pot și se îndreaptă spre casă cât mai repede posibil. Există, de asemenea, acei cumpărători care par mai interesați să vorbească

Einkaufen gehen

Ich gehe gerne im Einkaufszentrum einkaufen. Es macht immer so viel Spaß, herumzulaufen und sich all die verschiedenen Geschäfte anzuschauen. Im Einkaufszentrum ist für jeden etwas dabei, und es ist immer ein guter Ort, um Angebote für Kleidung, Schuhe und Accessoires zu finden. **Normalerweise** beginne ich meinen Einkaufsbummel, indem ich durch den **Haupteingang** des Einkaufszentrums gehe. Von dort aus gehe ich zuerst zu meinen Lieblingsgeschäften. Nachdem ich in diesen Geschäften gestöbert habe, laufe ich herum und schaue, ob es in anderen Geschäften Sonderangebote gibt. Normalerweise verbringe ich ein paar Stunden im Einkaufszentrum, bevor ich meine Einkäufe erledige. Ich nehme mir beim Einkaufen immer gerne Zeit, **weil** ich sichergehen will, dass ich **genau** das bekomme, was ich will. Außerdem macht es auf diese Weise einfach mehr Spaß!

Ich finde es immer **faszinierend**, die Leute zu beobachten, wenn ich im Einkaufszentrum bin. An der Art und Weise, wie sie einkaufen, kann man wirklich viel über eine Person erkennen. Manche Leute gehen sehr methodisch vor und lassen sich Zeit, während

la telefonul mobil sau să trimită mesaje text decât să se uite efectiv la marfă! Indiferent de ce fel de cumpărător ești, totuși, toată lumea pare să se bucure de cumpărături din vitrine - chiar dacă nu cumperi nimic. Pur și simplu, privitul la toate lucrurile frumoase din **vitrinele** magazinelor este ceva care mă face fericită. Uneori îmi imaginez cum ar fi dacă mi-aș putea permite **tot ceea ce** văd! Una peste alta, să petrec o zi la cumpărături la mall este una dintre distracțiile mele preferate. Este o modalitate excelentă de a te relaxa și de a te destinde, făcând în același timp și puțină mișcare (dacă te plimbi suficient). În plus, este **întotdeauna** plăcut să te răsfeți cu o cămașă sau o pereche de pantofi noi din când în când!

Am avut o zi **lungă** la serviciu și, în sfârșit, am avut timp pentru mine, așa că am decis să merg la cumpărături la mall. Aveam nevoie de niște haine noi pentru sezonul **următor.** De îndată ce am intrat, am văzut toate luminile strălucitoare și vitrinele strălucitoare. M-am îndreptat mai întâi spre magazinul meu preferat și am început să răsfoiesc rafturile. Am găsit câteva topuri drăguțe și le-am probat în cabina de probă. În timp ce mă priveam în oglindă, am auzit pe cineva intrând în cabina de **probă de lângă a** mea. achizițiile noastre.

andere einfach **alles zu** nehmen scheinen, **was sie kriegen** können, und so schnell wie möglich zur Kasse gehen. Es gibt auch Leute, die mehr daran interessiert sind, mit ihrem Handy zu telefonieren oder SMS zu schreiben, als sich die Waren anzusehen! Aber egal, welche Art von Käufer man ist, jeder scheint den Schaufensterbummel zu genießen - auch wenn man nichts kauft. Der Anblick all der schönen Dinge in den **Schaufenstern** macht mich einfach glücklich. Manchmal stelle ich mir vor, wie es wäre, wenn ich mir **alles, was** ich sehe, leisten könnte! Alles in allem ist ein Einkaufstag im Einkaufszentrum eine meiner Lieblingsbeschäftigungen. Es ist eine tolle Möglichkeit, sich zu entspannen und zu relaxen und sich dabei auch noch ein bisschen zu bewegen (wenn man genug läuft). Außerdem ist es **immer** schön, sich hin und wieder ein neues Hemd oder ein Paar Schuhe zu gönnen!

Ich hatte einen **langen** Arbeitstag und endlich etwas Zeit für mich, also beschloss ich, im Einkaufszentrum einkaufen zu gehen. Ich brauchte ein paar neue Kleider für die **kommende** Saison. Sobald ich das Einkaufszentrum betrat, sah ich all die hellen Lichter und die glänzenden Schaufensterfronten. Ich ging zuerst in mein Lieblingsgeschäft und stöberte durch die Regale. Ich fand ein paar schöne Oberteile und probierte sie in der Umkleidekabine an. Als ich mich im Spiegel betrachtete, hörte ich, wie jemand in die Umkleidekabine neben mir kam.

Întrebări de înțelegere

1. Unde vă place să depozitați cel mai mult?

2. Care este magazinul tău preferat din mall?

3. Cât timp stați de obicei la mall?

4. Ce părere aveți despre oamenii care petrec mult timp la mall?

5. Care este lucrul pe care îl preferați să îl faceți la mall?

6. Ați cumpărat vreodată ceva la mall când nu aveați nevoie de acel lucru?

7. Cum reacționați când vedeți la mall ceva ce v-ar plăcea foarte mult, dar este prea scump?

8. Ați văzut vreodată ceva la mall și v-ați întrebat cine l-ar cumpăra?

9. Ce părere aveți despre oamenii care sunt ocupați cu telefoanele mobile în mall în loc să se uite la magazine?

Fragen zum Verständnis

1. Wo lagern Sie am liebsten?

2. Welches ist Ihr Lieblingsgeschäft im Einkaufszentrum?

3. Wie lange bleiben Sie normalerweise im Einkaufszentrum?

4. Was denken Sie über Menschen, die viel Zeit im Einkaufszentrum verbringen?

5. Was machst du am liebsten in einem Einkaufszentrum?

6. Haben Sie schon einmal etwas im Einkaufszentrum gekauft, obwohl Sie es nicht wirklich brauchten?

7. Wie reagieren Sie, wenn Sie im Einkaufszentrum etwas sehen, das Ihnen wirklich gefallen würde, aber zu teuer ist?

8. Haben Sie schon einmal etwas im Einkaufszentrum gesehen und sich gefragt, wer es wohl kaufen würde?

9. Was halten Sie von Leuten, die im Einkaufszentrum mit ihren Handys beschäftigt sind, anstatt sich die Geschäfte anzusehen?

La piață

Mă trezesc devreme sâmbătă dimineața, nerăbdător să ajung la **piață** înainte să fie prea aglomerată. Îmi arunc câteva haine pe mine și ies pe ușă, luându-mi pe drum pungile reutilizabile. În timp ce merg, încep să planific ce vreau să fac pentru săptămâna care urmează. Știu că vreau să **prăjesc** legume cel puțin o dată, așa că va trebui să cumpăr legume de bună calitate. De asemenea, vreau să fac o supă sau o tocană, așa că va trebui să iau și niște carne. Va trebui să văd ce mi se pare bun când ajung acolo. Piața este la doar câteva străzi distanță și deja văd tarabele instalate și **oamenii care se** înghesuie.

Ajung la piață și mă îndrept direct spre standul de legume. Selecția este frumoasă, iar eu îmi umplu sacoșele cu o varietate de produse **proaspete.** Stau puțin de vorbă cu fermierul, iar acesta îmi recomandă câteva rețete. Sunt nerăbdătoare să le încerc. Stau de vorbă cu **fermierii în** timp ce fac cumpărăturile, ajungând să îi cunosc pe ei și produsele lor. După ce am toate legumele de care am nevoie, trec la raionul de carne. Aici sunt puțin mai ezitantă, deoarece nu sunt sigură de ce vreau să iau. În cele din urmă mă decid pentru pui, deoarece este versatil și poate fi folosit într-o varietate de feluri de mâncare. De asemenea, cumpăr

Auf dem Markt

Am Samstagmorgen wache ich früh auf und will unbedingt auf den **Markt**, bevor es zu voll wird. Ich ziehe mir etwas an und gehe zur Tür hinaus, wobei ich unterwegs meine wiederverwendbaren Taschen mitnehme. Auf dem Weg dorthin überlege ich, was ich in der kommenden Woche zubereiten möchte. Ich weiß, dass ich mindestens einmal Gemüse **braten** will, also muss ich gutes Gemüse kaufen. Außerdem möchte ich eine Suppe oder einen Eintopf kochen, also muss ich auch etwas Fleisch kaufen. Ich muss sehen, was gut aussieht, wenn ich dort bin. Der Markt ist nur ein paar Häuserblocks entfernt, und ich sehe schon die aufgebauten Stände und die **Menschen, die** sich dort tummeln.

Ich komme auf dem Markt an und steuere direkt auf den Gemüsestand zu. Die Auswahl ist großartig, und ich fülle meine Taschen mit einer Vielzahl von **frischen** Produkten. Ich unterhalte mich ein wenig mit dem Landwirt, und er empfiehlt mir einige Rezepte. Ich bin gespannt darauf, sie auszuprobieren. Beim Einkaufen plaudere ich mit den **Landwirten** und lerne sie und ihre Produkte kennen. Nachdem ich alles Gemüse eingekauft habe, was ich brauche, gehe ich zur Fleischabteilung. Hier bin ich etwas zögerlicher, da ich

câteva bucăți diferite de carne, asigurându-mă că iau carne de vită hrănită cu iarbă și **pui crescut în aer** liber. Măcelarul era un om prietenos, mereu vesel, în ciuda orelor lungi de lucru. Mi-a împachetat pieptul de pui și friptura înainte de a discuta cu mine despre planurile sale de weekend. Mi-am luat la revedere de la el și mi-am continuat drumul. Am luat și câteva ouă și brânză de la raionul de lactate.

Piața era plină de oameni, cu toții dornici să pună **mâna pe** produsele proaspete și pe carnea care erau oferite. Aerul era îmbibat cu miros de usturoi și ceapă, iar sunetul râsului și al conversațiilor umplea aerul. Mi-am făcut loc prin mulțime, alegând celelalte articole de care aveam nevoie pentru cumpărăturile săptămânale. Mi-am umplut **coșul** cu fructe și legume, paste și pâine, înainte de a mă îndrepta spre casă. Coada era lungă, dar se mișca repede. În cele din urmă, ultimele **cumpărături au fost** cumpărate și era timpul să plec acasă. Mașina a fost încărcată, iar drumul spre casă a fost lung și anevoios. Traficul era îngreunat, iar căldura era opresivă. În cele din urmă, mașina a intrat pe alee și ușurarea a fost palpabilă.

mir nicht sicher bin, was ich kaufen möchte. Schließlich entscheide ich mich für Hühnerfleisch, weil es vielseitig ist und für eine Vielzahl von Gerichten verwendet werden kann. Ich kaufe auch ein paar verschiedene Fleischsorten, wobei ich darauf achte, dass ich Rindfleisch aus Weidehaltung und **Hühnerfleisch** aus Freilandhaltung kaufe. Der Metzger war ein freundlicher Mann, der trotz seiner langen Arbeitszeiten immer gut gelaunt war. Er wickelte meine Hühnerbrust und mein Steak ein und plauderte mit mir über seine Pläne fürs Wochenende. Ich verabschiedete mich von ihm und setzte meinen Weg fort. Ich kaufte auch noch ein paar Eier und Käse aus der Molkereiabteilung.

Auf dem Markt herrschte reges Treiben, und alle wollten die frischen Produkte und das Fleisch, die angeboten wurden, kaufen. Die Luft war dick mit dem Geruch von Knoblauch und Zwiebeln, und das Lachen und die Gespräche erfüllten die Luft. Ich bahnte mir einen Weg durch die Menge und suchte mir die anderen Artikel für meinen Wocheneinkauf aus. Ich füllte meinen **Korb** mit Obst und Gemüse, Nudeln und Brot, bevor ich mich auf den Weg zur Kasse machte. Die Schlange war lang, aber sie bewegte sich schnell. Schließlich waren die letzten **Lebensmittel** eingekauft, und es war Zeit, nach Hause zu fahren. Das Auto wurde beladen, und die Fahrt nach Hause war lang und mühsam. Der Verkehr war dicht, und die Hitze war drückend. Endlich fuhr das Auto in die Einfahrt, und die Erleichterung war spürbar.

Întrebări de înțelegere

1. Unde se duce persoana respectivă?

2. Ce dorește persoana să cumpere?

3. Câte pungi are persoana în cauză?

4. Cât de departe este piața?

5. Ce face persoana respectivă în acest moment?

6. Ce este totul pe piață?

7. Câte persoane sunt în piață?

8. Cât timp i-a luat persoanei să cumpere totul?

9. Cum s-a întors acasă persoana în cauză?

Fragen zum Verständnis

1. Wohin geht die Person?

2. Was möchte die Person kaufen?

3. Wie viele Taschen hat die Person?

4. Wie weit ist der Markt entfernt?

5. Was macht die Person im Moment?

6. Was ist alles auf dem Markt?

7. Wie viele Personen befinden sich auf dem Markt?

8. Wie lange hat die Person gebraucht, um alles zu kaufen?

9. Wie ist die Person nach Hause gegangen?

La o cafenea

Era o dimineață răcoroasă de **toamnă,** iar eu stabilisem să mă întâlnesc cu prietena mea Lily la cafeneaua noastră preferată pentru o cafea. M-am învelit cu haina și fularul și am pornit la drum. Frunzele cădeau din copaci și aerul avea un iz de îngheț, dar soarele strălucea și promitea să fie o zi frumoasă. În timp ce mergeam, mă **gândeam** cât de bine era să am o prietenă ca Lily. Eram prietene de ani de zile, încă de când ne-am cunoscut la **universitate.** Ne-am legat prin dragostea noastră pentru cafea și prin faptul că ne petreceam timpul discutând în cafenele. Chiar dacă acum locuiam în părți diferite ale orașului, tot reușeam să ne întâlnim la o cafea o dată pe săptămână. Am ajuns la cafenea, iar Lily era deja acolo, așteptându-mă. Ne-am îmbrățișat pentru a ne saluta și apoi ne-am comandat cafelele. Am găsit o masă lângă fereastră și ne-am așezat să stăm de vorbă. **Cafeaua** a fost delicioasă, ca de obicei, și a fost atât de plăcut să mai vorbim cu Lily. Am vorbit despre săptămâna noastră, despre slujbele noastre și despre planurile noastre de viitor. Întotdeauna mi-a fost atât de ușor să vorbesc cu Lily și am simțit că pot să-i spun orice. După un timp, a început să ni se facă foame și am **decis** să comandăm ceva de mâncare.

Im Kaffeehaus

Es war ein kühler Herbstmorgen, und ich hatte mich mit meiner Freundin Lily in unserem Lieblingscafé auf einen Kaffee verabredet. Ich wickelte mich warm in meinen Mantel und meinen Schal ein und machte mich auf den Weg. Die Blätter fielen von den Bäumen, und die Luft war etwas stickig, aber die Sonne schien, und es versprach ein schöner Tag zu werden. Während ich lief, **dachte ich** darüber nach, wie gut es war, eine Freundin wie Lily zu haben. Wir waren seit Jahren befreundet, seit wir uns an der **Universität** kennen gelernt hatten. Uns verband die Liebe zum Kaffee und zum Plaudern in Cafés. Obwohl wir inzwischen in verschiedenen Stadtteilen wohnten, trafen wir uns immer noch einmal in der Woche auf einen Kaffee. Als ich im Café ankam, war Lily schon da und wartete auf mich. Wir umarmten uns zur Begrüßung und bestellten unsere Kaffees. Wir suchten uns einen Tisch am Fenster und setzten uns, um zu plaudern. Der **Kaffee** war wie immer köstlich, und es war so schön, sich mit Lily zu unterhalten. Wir sprachen über unsere Woche, unsere Jobs und unsere Pläne für die Zukunft. Es war immer so einfach, mit Lily zu reden, und ich hatte das Gefühl, dass ich ihr alles sagen konnte. Nach einer Weile wurden wir hungrig und **beschlossen,** etwas zu essen zu bestellen.

Am **comandat** mâncarea și am găsit un loc lângă fereastră. Soarele strălucea prin fereastră, făcând ca totul să fie cald și vesel. Am stat de vorbă în timp ce ne mâncam mâncarea, bucurându-ne de plăcerea simplă de a fi în **compania** celuilalt. Cafeneaua era ocupată, dar nu părea aglomerată. În aer se simțea un sentiment de pace și mulțumire. După ce ne-am terminat mâncarea, am stat mai mult timp, bucurându-ne pur și simplu de **atmosfera** liniștită. Am vorbit o vreme despre diferite lucruri care se întâmplau în viețile noastre. A fost atât de plăcut să mă întâlnesc cu prietenul meu și să mă **relaxez**. Soarele strălucea prin fereastră și am simțit că **nimic nu** ne putea strica ziua noastră perfectă.

Dintr-o dată, am auzit un zgomot puternic. M-am întors și am văzut că un bărbat căzuse prin tavan și zăcea pe podea în fața noastră. Era **acoperit** de praf și resturi și părea inconștient. Eu și prietenul meu eram amândoi în stare de șoc în timp ce ne uitam la bărbatul întins pe podea. Nu știam ce să facem sau pe cine să chemăm după ajutor. Stăteam acolo și ne uitam fix la el, fără să știm ce să facem. După câteva minute, mi-am revenit și am sunat la 911. Operatoarea mi-a spus că cineva va ajunge acolo în curând.

Wir **bestellten** unser Essen und suchten uns einen Platz am Fenster. Die Sonne schien durch das Fenster herein und verlieh allem eine warme und fröhliche Atmosphäre. Wir unterhielten uns, während wir aßen, und genossen das einfache Vergnügen, in der **Gesellschaft** des anderen zu sein. Das Café war gut besucht, aber es fühlte sich nicht überfüllt an. Es lag ein Gefühl von Frieden und Zufriedenheit in der Luft. Als wir mit dem Essen fertig waren, saßen wir noch eine Weile und genossen die friedliche **Atmosphäre**. Wir unterhielten uns noch eine Weile über verschiedene Dinge, die in unserem Leben passiert waren. Es war so schön, sich mit meiner Freundin auszutauschen und einfach **zu entspannen**. Die Sonne schien durch das Fenster, und wir hatten das Gefühl, dass **nichts** unseren perfekten Tag stören konnte.

Plötzlich hörte ich ein lautes Krachen. Ich drehte mich um und sah, dass ein Mann durch die Decke gefallen war und vor uns auf dem Boden lag. Er war mit Staub und Trümmern **bedeckt** und schien bewusstlos zu sein. Mein Freund und ich standen beide unter Schock und starrten auf den Mann, der auf dem Boden lag. Wir wussten nicht, was wir tun oder wen wir um Hilfe bitten sollten. Wir saßen einfach da und starrten ihn an, ohne zu wissen, was wir tun sollten. Nach ein paar Minuten riss ich mich zusammen und rief 911 an. Die Telefonistin sagte mir, dass bald jemand da sein würde.

Întrebări de înțelegere

1. De unde vine omul care cade prin acoperiș?

2. De ce se află femeia cu prietena ei în cafenea?

3. Care este cafeneaua preferată a celor doi prieteni?

4. De cât timp se cunosc cei doi prieteni?

5. Care este băutura preferată a celor doi prieteni?

6. În ce oraș locuiesc cei doi prieteni?

7. Cât de des se întâlnesc cei doi prieteni?

8. Despre ce vorbesc cei doi prieteni atunci când se întâlnesc pentru prima dată la cafeneaua lor preferată?

9. Care este mâncarea preferată a celor doi prieteni?

10. De ce este atât de ușor să vorbești cu Lily?

Fragen zum Verständnis

1. Woher kommt der Mann, der durch das Dach fällt?

2. Warum ist die Frau mit ihrer Freundin im Café?

3. Welches ist das Lieblingscafé der beiden Freunde?

4. Wie lange kennen sich die beiden Freunde schon?

5. Was ist das Lieblingsgetränk der beiden Freunde?

6. In welcher Stadt leben die beiden Freunde?

7. Wie oft treffen sich die beiden Freunde?

8. Worüber sprechen die beiden Freunde, als sie sich zum ersten Mal in ihrem Lieblingscafé treffen?

9. Was ist das Lieblingsessen der beiden Freunde?

10. Warum ist es so einfach, mit Lily zu sprechen?

Mergând la înot

Piscina a fost întotdeauna un loc **revigorant,** iar astăzi nu a fost diferit. Soarele strălucea, iar apa părea primitoare. Am respirat adânc și m-am scufundat, simțind îmbrățișarea răcoroasă a apei. Am înotat câteva ture de bazin, bucurându-mă de exercițiu și de șansa de a-mi limpezi mintea. După un timp, am ieșit și m-am uscat, apoi m-am așezat pe un prosop pentru a mă relaxa la soare. Am închis ochii și am lăsat **căldura să** mă cuprindă, simțind cum mușchii mei încep să se relaxeze. Dintr-o dată, am auzit un strop și am deschis ochii pentru a o vedea pe sora mea mai mică **vâslind** în zona de mică adâncime. Am zâmbit și am privit-o o vreme, apoi m-am ridicat și m-am îndreptat spre ea. Am stat puțin de vorbă și am vâslit împreună, bucurându-ne de compania celeilalte. În curând, părinții noștri ni s-au alăturat și ne-am petrecut restul după-amiezii înotând și jucându-ne împreună. Era întotdeauna atât de plăcut să petrecem timp cu familia la piscină. Este **ceva** în legătură cu prezența în apă care pare să aducă oamenii împreună. Poate pentru că suntem cu toții egali atunci când suntem în apă - nu ne putem ascunde defectele sau pretinde că suntem ceea ce nu suntem. Sau poate doar pentru că este distractiv! **Oricare ar fi** motivul, m-am bucurat că am putut să ne adunăm cu toții și să ne bucurăm de compania celorlalți într-un loc atât de

Schwimmen gehen

Der Pool war immer ein **erfrischender** Ort, und
heute war es nicht anders. Die Sonne schien und das
Wasser sah einladend aus. Ich holte tief Luft, tauchte
ein und spürte die kühle Umarmung des Wassers.
Ich schwamm eine Weile meine Runden, genoss
die Bewegung und die Möglichkeit, den Kopf frei zu
bekommen. Nach einer Weile stieg ich aus dem Wasser
und trocknete mich ab, dann setzte ich mich auf ein
Handtuch, um mich in der Sonne zu entspannen. Ich
schloss die Augen und ließ die **Wärme** über mich
ergehen, während sich meine Muskeln zu entspannen
begannen. Plötzlich hörte ich ein Plätschern und öffnete
die Augen, um meine kleine Schwester zu sehen,
die im flachen Wasser herumplanschte. Ich lächelte
und sah ihr eine Weile zu, dann stand ich auf und
ging zu ihr hinüber. Wir unterhielten uns eine Weile,
paddelten zusammen und genossen die Gesellschaft
des anderen. Bald gesellten sich unsere Eltern zu
uns, und wir verbrachten den Rest des Nachmittags
mit Schwimmen und gemeinsamen Spielen. Es war
immer schön, Zeit mit der Familie im Schwimmbad
zu verbringen. **Der** Aufenthalt im Wasser scheint die
Menschen zusammenzubringen. Vielleicht liegt es
daran, dass wir alle gleich sind, wenn wir im Wasser
sind - wir können unsere Schwächen nicht verstecken

special.

Soarele îmi bătea pe piele, iar în aer se simțea mirosul de clor. Puteam auzi sunetele copiilor râzând și stropindu-se în piscină. Stăteam întinsă pe un **șezlong de lângă** piscină, mă bronzam la soare și mă **bucuram de** zi. Aveam ochii închiși și eram pe punctul de a adormi când am auzit pe cineva venind spre mine. Am deschis ochii și am văzut o femeie care stătea lângă mine. Purta un bikini și avea un prosop înfășurat în jurul taliei. Avea părul lung și blond și ochi albaștri. Ținea în mână o sticlă de **cremă de protecție solară.** "Te deranjează dacă îți dau cu cremă de protecție solară pe spate?", m-a întrebat ea. "Nu, e în regulă", am spus, așezându-mă în picioare pentru ca ea să ajungă la spatele meu. I-am simțit mâinile ei pe pielea mea în timp ce aplica crema de protecție solară.

oder vorgeben, etwas zu sein, was wir nicht sind. Oder vielleicht liegt es einfach daran, dass es Spaß macht! **Was auch immer** der Grund ist, ich war einfach froh, dass wir alle zusammenkommen und die Gesellschaft des anderen an einem so besonderen Ort genießen konnten.

Die Sonne brannte auf meine Haut und der Geruch von Chlor lag in der Luft. Ich hörte das Lachen der Kinder, die im Pool planschten. Ich lag auf einem Liegestuhl neben dem Pool, genoss die Sonne und **den** Tag. Ich hatte meine Augen geschlossen und wollte gerade einschlafen, als ich hörte, wie jemand auf mich zukam. Ich öffnete meine Augen und sah eine Frau neben mir stehen. Sie trug einen Bikini und hatte sich ein Handtuch um die Taille geschlungen. Sie hatte langes blondes Haar und blaue Augen. In der Hand hielt sie ein Fläschchen mit **Sonnenschutzmittel**. "Stört es Sie, wenn ich Ihnen den Rücken eincreme?", fragte sie. "Nein, das ist in Ordnung", sagte ich und setzte mich auf, damit sie meinen Rücken erreichen konnte. Ich spürte ihre Hände auf meiner Haut, als sie das Sonnenschutzmittel auftrug.

Întrebări de înțelegere

1. Unde se afla naratorul când începe povestirea?

2. Ce miroase naratorul când deschide ochii?

3. Ce aude naratorul când deschide ochii?

4. A cui este crema de protecție solară pe care femeia i-o dă naratorului?

5. La ce visează naratorul?

6. De ce este înotul în mare atât de special pentru narator?

7.Cum se simte apa în care înoată naratorul?

8. Ce vede naratorul când iese din apă?

9. Ce face femeia după ce pune crema de protecție solară pe narator?

Fragen zum Verständnis

1. Wo war der Erzähler, als er die Geschichte begann?

2. Was riecht der Erzähler, wenn er seine Augen öffnet?

3. Was hört der Erzähler, als er seine Augen öffnet?

4. Wem gehört die Sonnencreme, die die Frau dem Erzähler gibt?

5. Wovon träumt der Erzähler?

6. Warum ist das Schwimmen im Meer für den Erzähler so besonders?

7. wie fühlt sich das Wasser an, in dem der Erzähler schwimmt?

8. Was sieht der Erzähler, als er aus dem Wasser kommt?

9. Was tut die Frau, nachdem sie den Erzähler mit Sonnencreme eingecremt hat?

Tunsul gazonului

Este ora 10 dimineața într-o **sâmbătă de** vară, iar soarele bate deja fără milă. Vă târâți până în garaj pentru a aduce mașina de tuns iarba, simțindu-vă ca și cum ați fi **condamnat** la muncă silnică. Începi să tunzi gazonul, asigurându-te că mergi încet ca să nu ratezi niciun loc. În timp ce tundeți, vă gândiți la cât de bine vă simțiți să fiți afară, la aer curat. În timp ce începi să împingi mașina de tuns iarba înainte și înapoi pe gazon, îl vezi cu coada **ochiului pe** vecinul tău. Îi faci cu mâna și îl saluți, iar el îți răspunde cu mâna.

După câteva minute, ați terminat și vă îndreptați spre casa vecinului pentru a bea o bere cu el în grădina din față. Este o zi **perfectă** - nu este prea cald, cu o briză ușoară. Stai la umbra copacului, sorbind berea și stând de vorbă cu vecinul tău. Zilele ca acestea te fac să apreciezi vara. Apoi te **îndrepți** înăuntru pentru o bere binemeritată. Te așezi pe un scaun pe veranda din față și desfaci cutia de bere, lăsând să iasă un oftat de mulțumire. Sunetul mașinii de tuns iarba se estompează în fundal în timp ce vă relaxați la umbră, bucurându-vă de **liniștea** momentului. Berea are un gust deosebit de bun după atâta muncă grea în căldură. Eram pe punctul de a intra înăuntru când am auzit un zgomot alături.

Den Rasen mähen

Es ist 10 Uhr morgens an einem **Sommersamstag**, und die Sonne brennt bereits erbarmungslos auf die Erde. Sie stapfen in die Garage, um den Rasenmäher zu holen, und haben das Gefühl, dass Sie zu harter Arbeit **verurteilt werden**. Du fängst an, den Rasen zu mähen, wobei du darauf achtest, dass du schön langsam vorgehst, damit du keine Stelle übersiehst. Während du mähst, denkst du daran, wie gut es sich anfühlt, draußen an der frischen Luft zu sein. Als du den Rasenmäher hin und her schiebst, siehst du aus dem **Augenwinkel** deinen Nachbarn. Sie winken und grüßen, und er winkt zurück.

Nach ein paar Minuten sind Sie fertig und gehen zum Haus Ihres Nachbarn, um mit ihm im Vorgarten ein Bier zu trinken. Es ist ein **perfekter** Tag - nicht zu heiß, und es weht eine leichte Brise. Sie sitzen im Schatten des Baumes, nippen an Ihrem Bier und unterhalten sich mit Ihrem Nachbarn. Es sind Tage wie dieser, an denen man den Sommer zu schätzen weiß. Dann **gehen Sie** ins Haus, um ein wohlverdientes Bier zu trinken. Sie lassen sich in einen Stuhl auf der Veranda fallen, öffnen die Dose und lassen einen zufriedenen Seufzer los. Das Geräusch des Rasenmähers tritt in den Hintergrund, während du dich im Schatten

Se **auzea** ca și cum cineva plângea. M-am oprit din tuns și m-am apropiat de gardul care ne despărțea curțile. M-am uitat peste și am văzut-o pe vecina mea, doamna Johnson, plângând pe balansoarul de pe verandă. Am strigat-o, dar nu m-a auzit. M-am cățărat peste gard și am mers la ea. "Doamnă Johnson, vă simțiți bine?" Am întrebat-o. S-a uitat la mine cu lacrimi în ochi și a dat din cap. "Nu, nu sunt bine", a spus ea. "Pisica mea a murit ieri". Am fost șocată. Nu am știut ce să spun. Am stat acolo stânjenită, fără să știu ce să fac. În cele din urmă, mi-am pus mâna pe **umărul** ei și i-am spus: "Îmi pare foarte rău, doamnă Johnson. Dacă vă pot ajuta cu ceva, vă rog să mă anunțați. " Ea a clătinat din cap și a spus: "Nu, nimeni nu poate face nimic". Apoi s-a ridicat și a intrat în casa ei. Am stat acolo o clipă, fără să știu ce să fac. Apoi m-am întors la tunsul gazonului. În timp ce terminam, nu m-am putut abține să nu mă gândesc la doamna Johnson și la pisica ei.

entspannst und die **Ruhe** des Augenblicks genießt. Das Bier schmeckt besonders gut nach all der harten Arbeit in der Hitze. Ich wollte gerade ins Haus gehen, als ich nebenan ein Geräusch hörte.

Es **hörte sich an**, als ob jemand weinen würde. Ich hörte auf zu mähen und ging zu dem Zaun, der unsere Gärten trennte. Ich spähte hinüber und sah meine Nachbarin, Mrs. Johnson, weinend auf ihrer Verandaschaukel. Ich rief nach ihr, aber sie hörte mich nicht. Ich kletterte über den Zaun und ging zu ihr hinüber. "Mrs. Johnson, geht es Ihnen gut?" fragte ich. Sie schaute mich mit Tränen in den Augen an und schüttelte den Kopf. "Nein, mir geht es nicht gut", sagte sie. "Meine Katze ist gestern gestorben." Ich war schockiert. Ich wußte nicht, was ich sagen sollte. Ich stand nur unbeholfen da und wusste nicht, was ich tun sollte. Schließlich legte ich ihr die Hand auf die **Schulter** und sagte: "Es tut mir so leid, Mrs. Johnson. Wenn ich Ihnen irgendwie helfen kann, lassen Sie es mich bitte wissen. "Sie schüttelte den Kopf und sagte: "Nein, es gibt **nichts**, was man tun könnte." Dann stand sie auf und ging in ihr Haus. Ich stand einen Moment lang da und wusste nicht, was ich tun sollte. Dann mähte ich wieder meinen Rasen. Als ich fertig war, musste ich unweigerlich an Frau Johnson und ihre Katze denken.

Întrebări de înțelegere

1. Ce oră este?

2. Unde se află persoana care tunde?

3. Cum se simte persoana?

4. De ce trebuie ca persoana să cosească încet?

5. Ce fel de vreme este?

6. Ce face persoana după ce tunde?

7. Ce aude persoana înainte de a pleca acasă?

8. Cine este cu doamna Johnson?

9. De ce plânge doamna Johnson?

10. Ce îi spune persoana respectivă doamnei Johnson?

Fragen zum Verständnis

1. Wie spät ist es?

2. Wo mäht die Person?

3. Wie fühlt sich die Person?

4. Warum muss die Person langsam mähen?

5. Was für ein Wetter ist es?

6. Was macht die Person nach dem Mähen?

7. Was hört die Person, bevor sie nach Hause geht?

8. Wer ist bei Mrs. Johnson?

9. Warum weint Mrs. Johnson?

10. Was sagt die Person zu Frau Johnson?

Obținerea unei tunsori

Voiam să mă tund de săptămâni întregi, dar mereu reușeam să o amân. Dar, cum **Crăciunul era** aproape, știam că nu mai puteam amâna. Nu voiam să mă prezint la cina de Crăciun a familiei mele arătând ca o mizerie neîngrijită. Așa că, devreme în dimineața de Crăciun, m-am îndreptat spre salon. Chiar dacă era devreme, salonul era deja ocupat cu alte persoane care își **făceau** părul pentru sărbătoare. Mi-am ocupat locul la coadă și mi-am așteptat rândul. În cele din urmă, a venit rândul meu pe scaun. Stilista, o femeie prietenoasă pe nume Jill, m-a întrebat ce doresc. "Doar o tunsoare, nimic prea drastic", i-am răspuns. Jill s-a apucat de treabă, tăindu-mi părul. În timp ce lucra, am început să mă relaxez. Mă simțeam bine că, în sfârșit, aveam grijă de mine. Fusesem atât de ocupată în ultima vreme, alergând de colo-colo, având grijă de toți ceilalți, încât îmi lăsasem propriile nevoi să cadă în uitare. Dar nu **mai era așa**. De acum încolo, aveam de gând să-mi fac timp pentru mine.

Când Jill a terminat, m-am uitat în oglindă și am fost mulțumită de ceea ce am văzut. Părul meu arăta îngrijit

Zum Haareschneiden gehen

Ich wollte mir schon seit Wochen die Haare schneiden lassen, aber irgendwie habe ich es immer wieder aufgeschoben. Aber da **Weihnachten vor der** Tür stand, wusste ich, dass ich es nicht länger aufschieben konnte. Ich wollte beim Weihnachtsessen meiner Familie nicht wie ein schmuddeliges Häufchen Elend dastehen. Also machte ich mich am frühen Weihnachtsmorgen auf den Weg zum Friseur. Obwohl es noch früh war, war der Salon schon voll mit anderen Leuten, **die sich** für die Feiertage die Haare machen ließen. Ich nahm meinen Platz in der Schlange ein und wartete, bis ich an der Reihe war. Endlich war ich mit dem Stuhl dran. Die Friseurin, eine freundliche Frau namens Jill, fragte mich, was ich wollte. "Nur einen Trimmschnitt, nichts allzu Drastisches", antwortete ich. Jill machte sich an die Arbeit und schnippelte an meinem Haar herum. Während sie arbeitete, begann ich mich zu entspannen. Es war ein gutes Gefühl, mich endlich um mich selbst zu kümmern. In letzter Zeit war ich so sehr damit beschäftigt gewesen, mich um alle anderen zu kümmern, dass ich meine eigenen Bedürfnisse vernachlässigt hatte. Aber das war **vorbei**.

și lustruit - perfect pentru întâlnirile de sărbători. **l-am mulțumit lui** Jill și mi-am notat **în minte** să revin mai des. De acum înainte, voi avea grijă de mine în primul rând. S-a apucat de treabă și mi-a tăiat părul. M-am gândit la cât de recunoscătoare eram că în sfârșit reușisem să mă tund. Mă simțeam bine să știu că voi arăta prezentabil pentru **masa de** Crăciun. Nu va mai trebui să-mi fac griji că familia mea mă va tachina din cauza aspectului meu "neîngrijit". După câteva minute, stilistul a terminat de tuns și mi-a făcut o uscare rapidă a părului. M-am privit în oglindă și am fost mulțumită de ceea ce am văzut - un look curat, care ar fi fost perfect pentru cina de Crăciun. Acum că tunsoarea mea era gata, mă puteam concentra pe petrecerea sărbătorilor cu familia mea. Și am fost și mai recunoscătoare pentru asta.

Von nun an wollte ich mir Zeit für mich nehmen.

Als Jill fertig war, schaute ich in den Spiegel und war mit dem, was ich sah, zufrieden. Mein Haar sah ordentlich und glänzend aus - perfekt für Festtagsfeiern. Ich **bedankte mich bei** Jill und nahm **mir vor, öfter wiederzukommen**. Von nun an werde ich mich in erster Linie um mich selbst kümmern. Sie machte sich an die Arbeit und schnippelte an meinem Haar herum. Ich dachte darüber nach, wie dankbar ich war, dass ich endlich dazu gekommen war, mir die Haare schneiden zu lassen. Es war ein gutes Gefühl zu wissen, dass ich zum **Weihnachtsessen** vorzeigbar aussehen würde. Ich würde mir keine Sorgen mehr machen müssen, dass meine Familie mich wegen meines "ungepflegten" Aussehens hänseln würde. Nach ein paar Minuten war der Friseur mit dem Schneiden meiner Haare fertig und föhnte sie kurz. Ich schaute in den Spiegel und war zufrieden mit dem, was ich sah - ein gepflegtes Aussehen, das perfekt für das Weihnachtsessen sein würde. Jetzt, da der Haarschnitt erledigt war, konnte ich mich darauf konzentrieren, die Feiertage mit meiner Familie zu genießen. Und dafür war ich umso dankbarer.

Întrebări de înțelegere

1. Ce trebuia să facă protagonistul înainte de Crăciun?

2. Ce a simțit protagonista în legătură cu îngrijirea de sine?

3. Cine a tuns-o pe protagonistă?

4. De ce familia protagonistei avea de gând să o necăjească?

5. Cum s-a simțit protagonista după ce s-a tuns?

6. Ce a făcut protagonista după ce s-a tuns?

7. Care a fost reacția familiei protagonistei la tunsoarea ei?

8. Ce a făcut protagonistul în Ajunul Crăciunului?

9. Ce a făcut ca experiența protagonistului să fie mai specială?

Fragen zum Verständnis

1. Was musste der Protagonist vor Weihnachten tun?

2. Wie hat sich die Protagonistin gefühlt, als sie für sich selbst sorgte?

3. Wer hat dem Protagonisten die Haare gestutzt?

4. Warum wollte die Familie der Protagonistin sie hänseln?

5. Wie hat sich die Protagonistin gefühlt, nachdem sie ihren Haarschnitt bekommen hat?

6. Was hat die Protagonistin getan, nachdem sie sich die Haare schneiden ließ?

7. Wie hat die Familie der Protagonistin auf ihren Haarschnitt reagiert?

8. Was hat der Protagonist an Heiligabend gemacht?

9. Was hat die Erfahrung des Protagonisten zu etwas Besonderem gemacht?

Parcul

Soarele apunea, iar parcul era gol. M-am așezat pe o bancă, așteptându-mi **prietenul**. Ne plănuisem să ne întâlnim aici cu o oră în urmă, dar ea întârzia mereu. Tocmai când eram pe cale să renunț și să mă duc acasă, am văzut-o alergând spre mine.

"Îmi pare atât de rău", a oftat ea când a ajuns pe bancă. "Trenul meu a avut **întârziere.**"

"E în regulă", am spus eu **iertător.** "Abia am ajuns aici." Ne-am așezat și am stat de vorbă o vreme, punându-ne la curent cu viața fiecăruia de când ne-am întâlnit ultima dată. Conversația a curs cu **ușurință** și am simțit că nu a trecut deloc timp de când ne-am văzut ultima dată. Pe măsură ce soarele apunea, ne-am luat rămas bun și am plecat pe drumuri separate. Următoarea dată când ne-am întâlnit, a fost într-un alt parc. Din nou, ea a întârziat, dar nu m-a deranjat. A fost plăcut să am pe cineva cu care să vorbesc și care să mă **înțeleagă.** Am vorbit despre visele și **aspirațiile** noastre, despre lucrurile pe care voiam să le facem în viață. Ea mi-a povestit despre planurile ei de a călători în lume, iar eu i-am împărtășit visul meu de a deveni scriitor. Pe măsură ce soarele apunea într-o altă zi, ne-am luat la revedere încă o dată, promițând să ținem legătura de data aceasta.

Anii au trecut, iar **prietenia** noastră a rămas puternică,

Im Park

Die Sonne ging gerade unter, und der Park war leer. Ich saß auf der Bank und wartete auf meine **Freundin**. Wir hatten uns vor einer Stunde hier verabredet, aber sie kam immer zu spät. Gerade als ich aufgeben und nach Hause gehen wollte, sah ich sie auf mich zulaufen.

"Es tut mir so leid", keuchte sie, als sie die Bank erreichte. "Mein Zug **hatte Verspätung.**"

"Ist schon gut", sagte ich **verzeihend**. "Ich bin auch gerade erst gekommen."

Wir setzten uns hin und unterhielten uns eine Weile, wobei wir uns über das Leben des jeweils anderen unterhielten, seit wir uns das letzte Mal gesehen hatten. Die Unterhaltung verlief **mühelos**, und es kam uns vor, als sei seit unserer letzten Begegnung überhaupt keine Zeit vergangen. Als die Sonne unterging, verabschiedeten wir uns und gingen unsere eigenen Wege. Das nächste Mal, als wir uns trafen, war es in einem anderen Park. Wieder war sie spät dran, aber das machte mir nichts aus. Es war schön, jemanden zum Reden zu haben, der mich **verstand**. Wir sprachen über unsere Träume und **Hoffnungen**, über die Dinge, die wir in unserem Leben tun wollten. Sie erzählte mir von ihren Plänen, die Welt zu bereisen, und ich erzählte von meinem Traum, Schriftstellerin zu werden. Als die Sonne an einem anderen Tag unterging, verabschiedeten wir uns noch einmal und versprachen,

chiar dacă acum locuiam în părți diferite ale țării. Am păstrat legătura prin scrisori și apeluri telefonice ocazionale, împărtășind unul cu celălalt noutăți din viața noastră. Când a anunțat că se căsătorește, nu am fost **surprins** - ea fusese întotdeauna genul **aventurier.** Dar când m-a întrebat dacă aș vrea să fiu domnișoara ei de onoare la ceremonia de nuntă, care avea loc în cealaltă parte a lumii față de locul în care locuiam... a fost nevoie de ceva convingere! În cele din urmă, însă, nu puteam să o las pe cea mai bună prietenă a mea să se căsătorească fără să fiu alături de ea, așa că, în ciuda temerilor mele (și după multe rugăminți din partea ei!), am fost de **acord** să particip la ceea ce s-a dovedit a fi **aventura** vieții mele.

Ziua **nunții** a sosit în sfârșit. Eram emoționată, dar entuziasmată să iau parte la un moment atât de important din viața prietenei mele. Ceremonia a fost frumoasă, iar ea părea fericită în timp ce își rostea jurămintele. **După aceea**, am sărbătorit cu o petrecere mare - se părea că toți cunoscuții ei veniseră să sărbătorească cu ea! A fost o zi **magică pe** care nu o va uita niciodată, iar prietenia noastră a devenit doar mai puternică după această aventură. timpul.

diesmal in Kontakt zu bleiben.

Die Jahre vergingen, und unsere **Freundschaft** blieb bestehen, obwohl wir jetzt in verschiedenen Teilen des Landes lebten. Wir hielten den Kontakt durch Briefe und gelegentliche Telefonate aufrecht und teilten uns gegenseitig die Neuigkeiten aus unserem Leben mit. Als sie ankündigte, dass sie heiraten würde, war ich nicht **überrascht** - sie war schon immer der **abenteuerlustige** Typ gewesen. Aber als sie mich fragte, ob ich ihre Trauzeugin bei ihrer Hochzeitsfeier sein würde, die am anderen Ende der Welt stattfand, musste ich sie erst einmal überzeugen! Letztendlich konnte ich jedoch nicht zulassen, dass meine beste Freundin ohne mich an ihrer Seite heiratet, und so **stimmte** ich trotz meiner Befürchtungen (und nach langem Bitten ihrerseits!) zu, das **Abenteuer** meines Lebens mitzumachen.

Endlich war der Tag der **Hochzeit** gekommen. Ich war nervös, aber auch aufgeregt, bei einem so wichtigen Moment im Leben meiner Freundin dabei zu sein. Die Zeremonie war wunderschön, und sie sah glücklich aus, als sie ihr Gelübde ablegte. **Danach** feierten wir mit einer großen Party - es schien, als ob jeder, den sie kannte, gekommen war, um mit ihr zu feiern! Es war ein **magischer** Tag, den ich nie vergessen werde, und unsere Freundschaft ist nach diesem Abenteuer nur noch stärker geworden.

Întrebări de înțelegere

1. Unde s-au întâlnit pentru prima dată autoarea și prietena ei?

2. De ce a întârziat prietenul autorului la întâlnirea lor?

3. Despre ce au vorbit prietenii atunci când s-au reîntâlnit ani mai târziu?

4. Ce a simțit autoarea când a participat la ceremonia de nuntă a prietenei sale?

5. Descrieți cadrul în care se desfășoară ceremonia de nuntă.

6. Cum s-a schimbat prietenia dintre cele două femei de-a lungul timpului?

7. Care este visul autorului?

8. Unde intenționează să călătorească prietenul autorului?

9. De ce a ezitat autoarea să participe la ceremonia de nuntă a prietenului ei?

Fragen zum Verständnis

1. Wo haben sich die Autorin und ihr Freund zum ersten Mal getroffen?

2. Warum kam der Freund des Autors zu spät zu ihrem Treffen?

3. Worüber sprachen die Freunde, als sie sich Jahre später wieder trafen?

4. Wie hat sich die Autorin gefühlt, als sie an der Hochzeit ihrer Freundin teilnahm?

5. Beschreiben Sie den Rahmen der Hochzeitszeremonie.

6. Wie hat sich die Freundschaft zwischen den beiden Frauen im Laufe der Zeit verändert?

7. Was ist der Traum des Autors?

8. Wohin plant der Freund des Autors zu reisen?

9. Warum hat die Autorin gezögert, an der Hochzeit ihrer Freundin teilzunehmen?